KINDER ERZIEHUNG

Vom Baby bis zum Teenageralter

Wie Sie Ihr Kind mit Hilfe von effektiven Erziehungsstilen optimal erziehen und fördern – Für eine positive Entwicklung und Eltern-Kind-Beziehung

2. Auflage

ISBN: 9781708472863

INHALT

Was erwartet Sie in diesem Buch?

Erwarten Sie, dass ich Ihnen jetzt die „perfekte" Erziehungsmethode vorstelle? Dann muss ich Sie leider enttäuschen, denn die „perfekte" Erziehung gibt es nicht. Am wichtigsten ist, dass es Ihrem Kind und Ihnen selbst gut geht und Sie mit Ihrer Erziehungsmethode im Reinen sind. Das ist alles, was zählt, der Rest ist nur die Kirsche auf der Sahnetorte. Da Sie sich aber dieses Buch hier gekauft haben, gehe ich davon aus, dass Sie zumindest in einem, vielleicht aber auch in mehreren Bereichen noch nicht ganz zufrieden mit dem Ist-Zustand sind. Ich möchte Sie vorab schon etwas ermutigen: In keiner Familie läuft immer alles perfekt und nach Plan. Es zeigt nur nicht jede Person nach außen hin, wenn es innen brodelt. Damit Sie aber einige Ideen für eine nötige Veränderung bekommen, schreibe ich diesen Ratgeber für Sie. Denn eines ist sicher: Es muss sich etwas verändern, damit es anders wird!

Einen kurzen Einblick, um was es in diesem Ratgeber geht, möchte ich Ihnen natürlich gerne vorab geben. Zum einen werde ich die vielen verschiedenen Erziehungsstile vorstellen und deren Vor- und Nachteile beschreiben, damit Sie das für Sie Wichtigste herausfiltern und umsetzen können.

Des Weiteren stelle ich Ihnen einige bewährte Erziehungsmethoden vor, die Ihnen bei schwierigen Situationen helfen können.

Seien Sie gespannt. Ich hoffe, Sie haben viel Spaß beim Lesen und können viele nützliche und wichtige Informationen für Ihre Erziehungssituation herauslesen und umsetzen.

Was ist Erziehung?

Eine eindeutige Definition von Erziehung ist im Grunde kaum vorhanden. Sie wurde im Laufe der Jahre immer wieder von Wissenschaftlern modifiziert, weil diese unterschiedliche Ansätze verfolgten und Erziehung einem stetigen Wandel mit neuen Erkenntnissen und Erforschungen unterworfen ist.

Ganz allgemein kann man Erziehung als jene Maßnahmen und Prozesse bezeichnen, die den Menschen zu Autonomie und Mündigkeit hinleiten und ihm helfen, all seine Kräfte und Möglichkeiten zu aktivieren, um in seine Menschlichkeit hineinzufinden.

Erzieherisches Handeln ist immer eingebettet in Bedingungen. Eine Familie lebt in einem bestimmten Wohnumfeld, hat bestimmte soziale Kontakte sowie finanzielle Möglichkeiten und nutzt bestimmte Medien. Diese Bedingungen haben einen mehr oder weniger großen Einfluss darauf, ob beabsichtigte Ziele und Wirkungen erzieherischen Handelns eintreten oder nicht.

Sie sehen also: Erziehung lässt sich nicht verallgemeinern oder pauschalisieren.

Altersgruppierung

Ich habe mich entschieden, in diesem Buch besonders auf die Kinder im Alter zwischen 0-6 Jahren einzugehen, da Erziehung ab der Schulzeit noch individueller wird. Bis dahin werden Sie aber schon den ersten Grundstein gelegt haben.

0-1 JAHR – BABYZEIT

Ihr Kind ist von Anfang an eine kleine Persönlichkeit, deren Bedürfnisse Sie respektieren sollten. Wenn Ihr Baby weint oder schreit, braucht es Ihre Unterstützung, es will Sie damit auf keinen Fall ärgern. Im Allgemeinen sagt man, dass man das Baby im ersten Lebenshalbjahr noch nicht erziehen kann, es aber auch nicht zu sehr verwöhnen sollte. Schenken Sie Ihrem Baby so viel Aufmerksamkeit, Zuwendung, Nähe, Körperkontakt und Liebe, wie Sie können und wollen. Das stärkt das Urvertrauen des neuen Erdenbürgers und schafft eine sichere Bindung. Genießen Sie die Augenblicke und schaffen Sie wunderbare Erinnerungen für spätere Zeiten. Durch körperliche Zuwendung, etwa Streicheln oder Massieren, fördern Sie nicht nur die Entwicklung Ihres Kindes im Bereich der Motorik, sondern auch die Entwicklung auf geistiger und emotionaler Ebene.

Bereits mit Ihrem Baby können Sie Rituale einführen, das gibt Ihrem Kind Sicherheit und Geborgenheit. Mögliche Rituale in diesem Alter sind zum Beispiel ein Einschlafritual oder das gemeinsame Abendessen mit der gesamten Familie, wenn Ihr Baby schon sitzen kann.

„Es gibt keine Normen für Babys. Jedes Kind entwickelt sich auf seine Weise und in seinem eigenen Tempo. Es entwickelt sich mit seinen geerbten körperlichen, seelischen und geistigen Anlagen im Wechselspiel mit biologischer Reifung des Körpers und seiner Organe, mit kindgerechten und altersgemäßen Anregungen und mit seinen eigenen, selbst erlebten Erfahrungen." [1]

So schnell wie im ersten Lebensjahr schreitet die Entwicklung eines Menschen nie wieder voran. Von Wissenschaftlern wird dieses erste Lebensjahr auch das extrauterine Lebensjahr genannt. Sie gehen davon aus, dass ein Mensch unfertiger als jedes andere Wesen auf die Welt kommt. Belegt wird das durch Studien über Instinkte und Reize, die lediglich rudimentär beim Menschen vorhanden sind.

In diesem ersten Jahr ist kurz nach der Geburt vorrangig der Instinkt zur Nahrungsaufnahme vorgegeben. Es zeigt sich aber auch schon, wie sich die soziale Bindung zu den Pflegepersonen gestaltet.

Ist das Kind zunächst nur in der Lage, seinen Hunger oder sein Unwohlsein durch Schreien kundzutun, möchte es nach ein paar Wochen unter Umständen schon die Gesellschaft der Bezugspersonen genießen, wenn es schreit.

Hierbei spielen die Zuverlässigkeit und Nachhaltigkeit der Bezugspersonen eine große Rolle.

Das bereits erwähnte Urvertrauen wächst, je mehr Sie versuchen, die Bedürfnisse des Kindes zu befriedigen und gegenüber Ihrem Kind ein konstantes Verhalten anzuwenden. Durch ein ambivalentes Verhalten, also z. B., wenn Sie an einem Tag freundlich und am anderen Tag eher abweisend sind, kann dieses Urvertrauen auch gestört werden.

Sollte Sie das Schreien des Kindes einmal sehr an Ihre Grenzen bringen, wird ein nervöses und unruhiges Verhalten Ihrerseits das Kind nicht zwingend beruhigen. Befinden Sie sich in einer für Sie verzweifelten Situation, weil Sie bereits alles ausprobiert haben, um das Baby zu beruhigen, und es schreit immer noch, dann verlassen Sie kurzzeitig diese Situation. Holen Sie sich Hilfe von den Großeltern oder von Ihrem Partner. Manchmal ist man eben am Ende seiner Kräfte und weiß nicht weiter und dann ist es wenig hilfreich, das Kind unter

---

[1] http://www.chancenreich-herford.de/elternordner/kindliche-entwicklung

Umständen anzuschreien oder sogar zu schütteln, in der Hoffnung, dass es dann aufhört, zu schreien.

Besser ist es, sich wirklich aus dieser engen und nahen Situation heraus zu begeben. Und wenn Sie niemanden haben, der Sie unterstützen kann, ist es dann immer noch besser, das Baby außer Hörweite unter Umständen zehn Minuten schreien zu lassen. Tanken Sie in diesen Minuten Kraft, stellen Sie sich etwas Schönes vor und sagen Sie sich, dass Sie diese Situation bewältigen werden. Denn das werden Sie.

Mit Abstand können Sie dann wieder anders mit dem Kind umgehen und Sie handeln dann nicht aus einem völligen Überforderungsgefühl heraus vorschnell und unüberlegt.

„Inzwischen gibt es in allen Gemeinden auch sogenannte Frühe Hilfen. Dazu gehören auch Familienhebammen, die Sie bei besonderen Belastungen im ersten Lebensjahr unterstützen können. Informationen hierzu erhalten Sie beim örtlichen Jugend- bzw. Gesundheitsamt (Stand: 14.3.2019)." [2]

Wichtig hierbei ist, zu wissen, dass ein Säugling sich erst einmal an ein Leben außerhalb des Mutterleibs gewöhnen muss. Er hat einen bestimmten Schlaf-Wach-Rhythmus, auf den sich betreuende Erwachsene einstellen sollten bzw. müssen. Natürlich gibt es auch immer wieder Kinder, die einen längeren Schlafrhythmus haben als andere, aber das ist meist nicht die Regel. Ihr Kind verwertet auch Nahrung schneller als ein ausgewachsener Mensch, sodass es bereits nach zwei bis vier Stunden wieder Hunger hat und schreit.

Grundsätzlich sollten Sie Ihr Kind zu Beginn nicht mit zu vielen Reizen überfordern. Solange Sie das Gefühl haben, dass das Kind wach und aufnahmebereit ist, fördern Sie die Sinne entsprechend der Entwicklung des Kindes. Überfordern Sie dabei Ihr Kind jedoch nicht.

[2] https://www.kindergesundheit-info.de/themen/entwicklung/0-12-monate/schreien/

Zu Beginn ist es sinnvoll, nur einen Sinn des Kindes zu stimulieren, später können dann maximal zwei Sinne eines Babys gleichzeitig stimuliert werden. Aus diesem Grund sollten Sie bei einer Massage des Babys nicht unbedingt sprechen, zumindest nicht am Anfang. Im weiteren Verlauf können Sie dann die Massage mit Worten, Versen oder Bezeichnungen der Körperteile begleiten. Oft gibt es auch kostenlose Kurse, um Techniken der Babymassage kennenzulernen.

Auch jeglicher Körperkontakt anderer Art fördert die Körperwahrnehmung eines Kindes.

So entwickelt sich bei einem Säugling das Gleichgewichtsgefühl eher, wenn er öfter in einem Tragetuch oder Ähnlichem getragen wird oder er in einer Hängematte leicht hin und her geschaukelt wird.

Die Entwicklung des Geschmackssinns Ihres Kindes können Sie bereits ab dem vierten und fünften Lebensmonat fördern. Lassen Sie es anstelle eines Schnullers doch einmal an einem Stück Brot lutschen oder bieten Sie ihm mildes Obst an, wie z. B. Bananen oder eine Wassermelone. Dabei sollten Sie darauf achten, dass die Geschmacksrichtungen nicht zu einseitig (z. B. nur süß) sind. Variieren Sie auch einmal mit mildem Gemüse, damit Ihr Kind sich nicht zu sehr auf eine Geschmacksrichtung festlegt und dann später unter Umständen herzhafte oder eher salzige Nahrung ablehnt.

Hörsinn:

Sehr früh können Sie bemerken, dass Ihr Kind sich akustischen Reizen, zu Anfang vor allem den Stimmen vertrauter Personen, zuwendet. Im Laufe der Zeit können Sie die Hörfähigkeit Ihres Kindes weiter fördern, indem Sie z. B. eine Spieluhr laufen lassen oder sich ihm mit einer Rassel aus verschiedenen Richtungen nähern. Auch ein Windspiel fordert die Aufmerksamkeit des Kindes heraus. Sie werden an seinen Reaktionen bemerken, welchen akustischen Reizen Ihr Kind den Vorrang gibt.

Eng mit dem Hörvermögen verknüpft ist die Sprachentwicklung eines Kindes. Das klingt nur logisch, denn kann ein Kind nicht oder nur schlecht hören, wird es in seiner Sprachentwicklung massiv gestört sein. Sollten Sie sich unsicher sein, gehen Sie lieber einmal mehr zum Kinderarzt und schildern Sie ihm Ihre Beobachtungen (Wenn Ihr Kind den Kopf z. B. nicht in die Richtung eines akustischen Reizes dreht und Sie dies über einen gewissen Zeitraum beobachten können).

Bei der Entwicklung der Sprache hat jedes Kind, wie bei seiner gesamten Entwicklung, einen eigenen Rhythmus. Sie werden bemerken, dass Sie intuitiv mit Ihrem Kind sprechen, wenn es wach ist, oder es mit sanfter Stimme beruhigen, wenn es schreit. Die ersten unwillkürlichen Laute Ihres Babys werden von den meisten Eltern auch nachgeahmt und Ihr Kind erfährt so schon sehr früh, dass es in der Lage ist, zu kommunizieren, wenn auch noch nicht bewusst.

Spätestens ab dem Kleinkindalter sollten Sie jedoch versuchen, mit Ihrem Kind nicht mehr in der Babysprache zu reden.

Mit der Förderung des Sehens gehen oft einige Entwicklungen einher. Sieht Ihr Kind etwas, was es interessiert, folgt es diesem Gegenstand anfangs nur mit den Augen, versucht aber mit immer fortschreitendem Alter, den Gegenstand auch zu greifen. Diese Augen-Hand-Koordination setzt sich immer weiter fort und das Kind kann nach einigen Monaten bereits sicher nach Gegenständen greifen, die seine Neugier wecken. Auch hier gilt: Geben Sie Ihrem Kind die Zeit, die es braucht, und gönnen Sie ihm auch einmal etwas Zeit für sich.

Motorik:

Bereits im Säuglingsalter können Sie die Motorik Ihres Kindes fördern. Dazu nutzen Sie die Wachphasen Ihres Babys und legen es oft auf den Bauch. In der Bauchlage bilden sich viele Muskeln aus, die das Kind später für die Fortbewegung benötigt. Ist Ihr Kind bereits in der Lage, nach etwas zu greifen, können Sie es auch einmal strampeln lassen, damit es versucht, das Spielzeug selbstständig zu erreichen. So entwickelt es Ehrgeiz, um das Spielzeug zu fassen zu bekommen. Greifen Sie nicht immer vorzeitig ein, sondern geben Sie Ihrem Kind die

Möglichkeit, sich selbst zu bewegen und so seine Fähigkeiten auszuprobieren.

Die gesamten Entwicklungsschritte im Einzelnen aufzuführen, würde an dieser Stelle den Rahmen des Ratgebers sprengen. Allerdings wollte ich Ihnen aufzeigen, welche Möglichkeiten Sie gerade im ersten Lebensjahr eines Kindes haben, um ihm zu helfen, die Grundlagen für einen guten und liebevollen Start in sein Leben zu legen. Und Ihnen kann ich nur raten: Bleiben Sie gelassen.

1-3 JAHRE – KLEINKINDZEIT

Ihr Kind lernt jetzt vor allem durch Nachahmen. Deswegen ist es jetzt besonders wichtig, dass Sie sich viel mit ihm beschäftigen, mit ihm spielen und ihm die Welt zeigen. Gleichzeitig wächst in Ihrem Kleinkind der Wunsch nach Selbstständigkeit. Das merken Sie schnell, da es alles selbst machen und ausprobieren will. Nichts ist zu uninteressant, um nicht erforscht zu werden. Hier sollten Sie besonders auf Ihr Kind aufpassen, da es sich in seinem Tatendrang auch leicht verletzen kann. Mit etwa zwei Jahren wird die Sprache Ihres Kindes auch für Fremde verständlicher und es fängt an, Zweiwortsätze zu bilden. Sie sollten trotzdem normal mit Ihrem Kind sprechen und nicht seine Sprache aufgreifen. Das Sprachverständnis nimmt in diesem Alter schneller zu als die Sprechfähigkeit. Achten Sie beim Reden auf Ihre Mimik und Gestik. Es soll ein liebevolles Miteinander vermittelt werden. Beantworten Sie Fragen geduldig und solange, bis Ihr Kind die Antwort verstanden hat. Wenn Sie etwas nicht wissen, dürfen Sie das gerne auch zugeben.

Bilderbücher dienen in der Anfangszeit als Kommunikationshilfe. Spielen Sie Fragespiele, zum Beispiel „Wo ist die Katze?“, „Wo ist die Mama/der Papa?“ oder „Was ist das Grüne dahinten auf dem Bild?“.

Das Trinken aus einem Becher fördert das Sprechen lernen, denn dazu werden andere Muskeln benötigt als beim Saugen aus einer Flasche, und der Zahngesundheit Ihres Kindes kommt es auch zugute.

In diesem Alter beginnt das Kind meistens, seine Welt aufrecht zu erforschen. Es wird also spätestens jetzt Zeit, die Wohnung kindersicher zu machen. Denken Sie an Steckdosen, spitze Ecken an Tischen, Herdplatten oder Türen von Schränken und Schubladen. Je sicherer Sie sich fühlen, umso gelassener können Sie Ihr Kind seine Welt erkunden lassen.

Wenn Ihr Kind dann ins Trotzalter kommt, wird Ihre Geduld manchmal auf die Probe gestellt. Versuchen Sie trotzdem, gelassen und ruhig zu bleiben. Vermitteln Sie Ihrem Kind das Gefühl, dass Sie es nicht beachten. Beobachten Sie es trotzdem unauffällig, damit es sich nicht verletzt. Häufig ist der Grund für einen Trotzanfall in unseren Augen nichtig, aber Ihr Kind entwickelt in diesen Momenten seine Persönlichkeit. Es stellt die Grundlage für das selbstständige Handeln im späteren Leben dar. Da die meisten Trotzreaktionen und die damit verbundenen Wutanfälle in der Öffentlichkeit stattfinden, fühlt man sich als Elternteil oft hilflos oder hat sogar Selbstzweifel. Ich kann Sie beruhigen, Sie haben nichts falsch gemacht. Während dieser Wutausbrüche würden Erklärungen aber nichts bringen. Warten Sie deswegen ab, bis die Wut Ihres Kindes sich gelegt hat. Dann ist es auch wieder aufnahmefähig und kann Ihrer Erklärung folgen. Gerade in diesem Alter ist liebevolle Konsequenz sehr wichtig.

Denn Kinder brauchen Halt! Sie wollen wissen, ob Sie als Eltern ihr Verhalten tolerieren oder ob sie Sie unter Umständen in der Hand haben. Im Alltag treten solche Situationen häufig auf (nicht immer und auch immer kind- und situationsabhängig). Zeigen Sie sich absolut präsent und schauen Sie Ihrem Kind in die Augen, halten Sie (wenn möglich) seine Schultern und sprechen Sie es mit seinem Namen an („Nein, Lilly, wir können jetzt nicht auf den Spielplatz"). Bleiben Sie freundlich, aber deutlich. Setzen Sie klare Regeln fest und halten auch Sie sich daran, zum Beispiel, dass Straßenschuhe vor der Haustür ausgezogen oder die Zähne nach dem Essen geputzt werden.

Trotz gehört – wie bereits gesagt – zur normalen Entwicklung des Kindes. Dafür braucht es Eltern, die ihm Halt geben und auch Humor haben. Denn Trotz ist nie persönlich gemeint und richtet sich nie gegen die Eltern.

Sicher wird es auch Situationen geben, in denen Ihr Kind sich schreiend im Supermarkt auf den Boden wirft, weil es nicht bekommt, was es will. Auch da gilt: Bleiben Sie gelassen. Ihr Kind hat jetzt ein Publikum, mit dem es meint, Sie unter Druck setzen zu können. Geben Sie auf keinen Fall nach, denn dann wird sich dieses Spiel wiederholen. Sorgen Sie lieber im Vorfeld dafür, dass so etwas nicht noch einmal vorkommt. Erstellen Sie mit Ihrem Kind gemeinsam einen Einkaufszettel und sagen Sie ihm, bevor Sie das nächste Mal einkaufen gehen, dass nur die Sachen gekauft werden, die auf dem Zettel stehen. Selbst wenn Ihr Kind dann Theater macht, weisen Sie es auf den Einkaufszettel hin und lassen es aktiv mit einkaufen. Und für Momente, bei denen auch das nichts nützt: Bleiben Sie stark!

3-6 JAHRE – KINDERGARTENKIND/VORSCHULZEIT

Jetzt ist es wichtig, Ihr Kind nicht mit Förderangeboten zu überhäufen, sondern ihm die Zeit zu schenken, ein sorgenfreies, unbelastetes Kind zu sein. Kinder brauchen gleichaltrige Kinder, um ihr Sozialverhalten entwickeln zu können. Mit Besuchen auf dem Spielplatz, Treffen mit Freunden oder anderen Outdoor-Aktivitäten können Sie das gezielt fördern. Wenn Ihr Kind in einen Konflikt gerät, geben Sie ihm das Gefühl, dass es als Kind den Konflikt selbst bewältigen und es schaffen kann, eine friedliche Lösung zu finden. Lassen Sie Ihr Kind also auch einmal „unbeobachtet". Sollte es wirklich nicht allein klarkommen, kann es immer noch auf Sie zurückgreifen. Spätestens in der Schulzeit sollte es Konflikte selbstständig bewältigen können.

Lassen Sie Ihr Kind sich auf dem Spielplatz richtig austoben und lassen Sie auch zu, dass es sich ausprobieren darf. So sieht es selbst, was es alles schon schaffen und erreichen kann. Gehen Sie auch eine gewisse Risikobereitschaft und Waghalsigkeit ein. Es bringt nichts, Ihr Kind in Watte zu packen, weil es sich verletzen könnte. Die eine oder andere Schramme gehört zum Kindsein dazu.

In dieser Entwicklungsphase spielt Ihr Kind vermehrt Rollenspiele. Dadurch lernt es, sich in andere Personen hineinzuversetzen, und kann somit im „echten" Leben besser handeln.

Schaffen Sie Ihrem Kind einen persönlichen „Spielort". Dieser Ort gibt ihm die Möglichkeit, sich zurückzuziehen und sich mit Dingen wie Malen oder Basteln zu beschäftigen. Dabei schult es nebenbei auch noch Feinmotorik, Ausdauer und Konzentration.

Die beste Möglichkeit, Ihr Kind altersgerecht zu fördern, bietet der Besuch eines Kindergartens. Dort lernt es andere Kinder kennen, kann erste Freundschaften knüpfen und lernt, sich durchzusetzen. Nutzen Sie diese Möglichkeit. Wenn das nicht möglich ist, organisieren Sie hin und wieder einen Spielenachmittag mit gleichaltrigen Kindern.

Ihr Kind beginnt, Freundschaften zu schließen. Ermöglichen Sie dies unbedingt und gestatten Sie Ihrem Kind die Treffen mit Freunden.

Es werden die sozialen Emotionen entwickelt und verstanden, unter anderem Scham, Schuld und Stolz – gefördert werden können diese im täglichen Leben durch die Eltern.

Integrieren Sie Ihr Kind in alltägliche Abläufe, zum Beispiel beim Tisch decken, beim Ausräumen der Spülmaschine oder beim Fußboden wischen. Dadurch fördern Sie seine motorischen Fähigkeiten. Es sollte aber auch für Kinder nicht ungewöhnlich sein, zu helfen. Wenn Sie es in diesem Alter aber verbieten, weil es nicht schnell oder ordentlich genug geht, wird Ihr Kind sehr schnell die Lust verlieren und nicht mehr fragen, ob es helfen darf. Spätestens wenn Ihr Kind im Jugendalter angekommen ist, würden Sie sich vermutlich darüber ärgern.

Das Sozialverhalten bei Kindern ist unterschiedlich ausgeprägt. Ihr Kind sollte jedoch vor Eintritt in die Schule einige Sachen beherrschen. Unter anderem sollte Ihr Kind verstehen, was Ruhe bedeutet. Es sollte sein Spielzeug teilen oder verleihen und kleine Dinge im Haushalt selbstständig erledigen können.

Durch Bewegung an der frischen Luft wird die Motorik Ihres Kindes verfeinert und verbessert. Studien belegen, dass Kinder, die viel in der Natur waren, im späteren Leben deutlich selbstständiger, selbstbewusster und kontaktfreudiger als andere Gleichaltrige sind. Des Weiteren sind diese Kinder leistungsorientierter, ihr Immunsystem und ihr Herz-Kreislauf-System sind besser ausgebildet und stärker. Ebenso bringt Bewegung Spaß und Abwechslung in den Alltag.

Sie sollten die Neugierde und Entdeckerlust Ihres Kindes fördern. Das stärkt das Selbstbewusstsein und die Selbstständigkeit Ihres Kindes.

Sollte dabei etwas kaputt gehen, ist das halb so schlimm. Viel wichtiger ist es, dass Ihr Kind Spaß an der Entdeckungsreise hat und keine Angst davor bekommt, Fehler zu machen. Aber auch, wenn einmal etwas kaputt gegangen ist oder etwas verschüttet wurde, können Sie gemeinsam die Dinge beseitigen. Zeigen Sie Ihrem Kind, dass es nicht schlimm ist, etwas kaputt gemacht zu haben, aber zeigen Sie ihm auch, dass man den Schaden beseitigen muss. Gelassenheit und Zeit sind das A und O im Umgang mit Kindern in diesem Alter – schließlich soll Ihr Kind ja eigene Erfahrungen sammeln. Vier Vorschläge und Tipps für starke Kinder:

- Selbstachtung: Sie sollten die Stärken und Schwächen Ihres Kindes akzeptieren. Loben Sie Ihr Kind ehrlich und aufrichtig oder geben Sie ihm konstruktive Kritik, denn damit fördern Sie sein Selbstbewusstsein. Sozial kompetentes Verhalten basiert auf dem Gefühl der bedingungslosen Liebe der Eltern.

- Eigenverantwortung: Vermitteln Sie Ihrem Kind Eigenverantwortlichkeit für getroffene Entscheidungen mit allen Konsequenzen, die daraus resultieren. Eingegriffen wird von den

Eltern in Gefahrensituationen, bei Fragen des Kindes oder dann, wenn es nicht weiterkommt.

- Konfliktfähigkeit: Zeigen Sie Ihrem Kind, das seine eigene Meinung wichtig ist. Dadurch lernt es, eine eigene Meinung zu bilden und zu dieser zu stehen. Ihr Kind akzeptiert dann auch Menschen mit anderen Meinungen. Es darf auch diskutiert werden, wenn man anderer Meinung ist oder andere Ansichten hat. Das vermitteln Sie Ihrem Kind am besten, wenn Sie selbst eine gesunde Streitkultur haben.

- Lebensfreude: Mit positiven Gefühlen lassen sich Krisen im Leben besser bewältigen und verarbeiten.

Das freie Spielen sollten Sie zulassen und – wo nötig – Freiräume dafür schaffen. Spielen fördert viele Bereiche in der Entwicklung Ihres Kindes, unter anderem:

- motionale Fähigkeiten: Ihr Kind lernt, Rücksicht auf andere zu nehmen sowie Gefühle zu erkennen, zu erleben und zu verarbeiten.

- soziale Fähigkeiten: Ihr Kind lernt, Verantwortung zu übernehmen, Regeln zu akzeptieren, Freundschaften zu pflegen und Vorurteile abzulegen.

- motorische Fähigkeiten: Ihr Kind trainiert seine Reaktionsgeschwindigkeit, verbessert die Koordination von Händen und Füßen und trainiert das Gleichgewicht.

- kognitive Fähigkeiten: Ihr Kind trainiert sein Gedächtnis und seine Konzentration. Es entwickelt Fantasie und Kreativität.

Verschiedene Erziehungsstile

Erziehungsstil bezeichnet das übliche/alltägliche Verhalten, welches die Eltern den Kindern gegenüber anwenden. Häufig sind das die Werte und Normen, welche uns in der eigenen Kindheit vermittelt wurden – oder das genaue Gegenteil davon, wenn wir unzufrieden mit unserer eigenen Kindheit waren.

Es beeinflussen nicht nur unsere persönlichen Erlebnisse unseren Erziehungsstil, sondern auch die soziale Herkunft, die Schulbildung sowie die finanziellen und wirtschaftlichen Verhältnisse und Gegebenheiten tragen einen enormen Teil dazu bei.

Die meisten Eltern sind überfordert, weil es zu viele unterschiedliche Ratgeber mit zu vielen unterschiedlichen Meinungen gibt. Dann kommt noch das Prahlen und Vergleichen der Mütter und Väter aus dem näheren Umkreis hinzu, welche ihr Wunderkind in den Himmel loben. Und als ob das nicht schon genug wäre, kommen noch die Nachbarn und geben kluge Ratschläge und Tipps. Jeder weiß natürlich am besten, wie man Ihr Kind zu erziehen hat, und versucht, Ihnen einzureden, wie es am besten für das Kind ist und was man alles wahrnehmen und machen sollte, um die bestmögliche Entwicklung zu gewährleisten. Ich möchte mich in diesem Buch nicht gegen Sie stellen und mit erhobenem Zeigefinger auf vermeintliche Fehler deuten, sondern mit Ihnen nach einer für Sie passenden Möglichkeit suchen, Ihr Kind so zu erziehen, dass Sie und Ihr Kind glückliche Menschen sind.

Im Fokus der Erziehung steht häufig das Vermitteln von Werten und Normen. Das Kind soll liebenswürdig und tolerant sein, Zufriedenheit ausstrahlen und ein hohes Selbstbewusstsein haben sowie teilen können, aber auch mutig sein und für sich selbst einstehen können. Wir haben viele Wünsche und Anforderungen an unsere Kinder und ich kann Ihnen sagen, dass der Weg sehr holprig und steinig, voller Selbstzweifel und Hilflosigkeit sein wird. Aber die Mühen sind es wert. Sie legen jetzt den Grundstein für das spätere Leben Ihres Kindes und werden zurecht stolz auf Ihr Kind, auf sich selbst und auf Ihre Erziehung sein. Da wird der ganze Kummer dann vergessen sein.

Früher gab es nur eine grobe Einteilung in drei unterschiedliche Erziehungsstile: antiautoritär, autoritär und Laissez-faire.

Heute gibt es da weitaus mehr. Welche genau, werde ich Ihnen in den folgenden Unterpunkten vorstellen.

ANTIAUTORITÄRER ERZIEHUNGSSTIL

Der antiautoritäre Erziehungsstil ist meistens eine Lebenseinstellung der Erziehenden. Mittlerweile wird dieser Stil auch liberaler Stil genannt. Dieser Erziehungsstil beinhaltet eine Erziehung weitgehend ohne Regeln, Zwänge und Verpflichtungen. Erzogen wird das Kind auf Augenhöhe mit den Eltern. Der antiautoritäre Erziehungsstil fördert die Selbstentfaltung des Kindes sowie die Entwicklung der Persönlichkeit, des Selbstbewusstseins, der Kreativität und der Fähigkeit, sich in einer Gemeinschaft zurechtzufinden. Dem antiautoritären Erziehungsstil eilt ein schlechter Ruf voraus, da einige Eltern ihre Kinder ganz ohne Regeln erzogen haben und sich dadurch kleine egoistische Tyrannen entwickelt haben. So ist dieser Erziehungsstil aber nicht gemeint. Ursprünglich wurde er entwickelt, um einen Gegensatz zum starren diktatorischen Erziehungsmodell der 20er Jahre zu bilden. Damals wurden Kinder unterdrückt und mussten sich immer den Erwachsenen unterordnen. Als gut erzogen galt, wer keine Widerworte gab. Dadurch entwickelten die Kinder verständlicherweise große Minderwertigkeitskomplexe. Sie konnten Konflikte nicht friedlich austragen und waren sehr aggressiv. Im antiautoritären Erziehungsstil gibt es durchaus Regeln und Grenzen, die den Kindern auch gut bekannt sind, aber ihre freie Entfaltung nicht einschränken. Die Eltern zwingen die Kinder zu nichts, sondern machen nur Vorschläge. Die Kinder entscheiden frei, tragen aber auch die Konsequenzen für ihre Entscheidungen und lernen dadurch, Verantwortung zu übernehmen.

Vorteile:

- Die Kinder kennen ihre Stärken und Schwächen sowie ihre eigenen Bedürfnisse
- Die Kinder entwickeln eine größere Kreativität und ein großes Selbstvertrauen
- Kinder mit einer antiautoritären Erziehung übernehmen sehr früh Verantwortung und handeln unabhängiger

Nachteile:

- Kinder, die nach dem antiautoritären Erziehungsstil erzogen wurden, können sich nur schwer an Grenzen anderer halten und diese akzeptieren
- Sie können sich schwer in Gruppen integrieren, da ihnen nicht beigebracht wurde, was Einfühlungsvermögen, Rücksichtnahme und Unterordnung ist
- Die Kinder können schwer mit negativen Emotionen umgehen und sind häufig nicht kritikfähig
- Diese Kinder werden sehr oft als egoistisch wahrgenommen, weil sich in der Erziehung sehr viel um sie gedreht hat und sie es gewöhnt sind, die volle Aufmerksamkeit zu bekommen

Wird die antiautoritäre Erziehung tatsächlich ohne Grenzen ausgeübt, sind Kinder damit überfordert. Sie handeln oft mehr nach dem Lustprinzip, als rationale Überlegungen in ihr Handeln einfließen zu lassen.

AUTORITÄRER ERZIEHUNGSSTIL

Der autoritäre Erziehungsstil war vor 50 Jahren sehr in Mode. Die Eltern strukturieren das Leben des Kindes und das Kind hat sich dem zu fügen. Das Kind ist den Erwachsenen untergeordnet und ein braves Kind, wenn es keine Probleme verursacht und alles tut, was man ihm sagt. Es wird nach den Vorstellungen der Erwachsenen geformt und kann seine individuellen Bedürfnisse nicht ausleben. Es werden hohe Erwartungen und Anforderungen an den jungen Menschen gestellt, ohne dass er auf moralische oder emotionale Unterstützung durch die Eltern zurückgreifen kann. Wegen der vielen bestehenden Regeln und Anweisungen werden das Selbstwertgefühl und die eigene Individualität stark unterdrückt und gehemmt. Dabei sind die Eltern dem Kind gegenüber trotzdem freundlich, aber unpersönlich. Regeln werden von den Eltern festgelegt, ohne dass die Bedürfnisse eines Kindes beachtet werden.

Vorteile:

- Das Kind kennt genau seine Grenzen
- Es kennt die exakten Folgen seines Verhaltens

Nachteile:

- Durch die vielen festgelegten Aktivitäten der Eltern ist das Kind in seiner Spontanität sowie in seiner Kreativität stark eingeschränkt
- Durch die Bevormundung der Eltern hat das Kind ein geringes Selbstwertgefühl und erlernt keine Selbstständigkeit
- Kinder, die nach dem autoritären Erziehungsstil erzogen werden, senden sehr oft Hilferufe aus – diese machen sich zum Beispiel durch das aggressive Verhalten gegenüber Schwächeren bemerkbar
- Die Kinder haben häufig ein egozentrisches Sprachverhalten, welches durch das Vorbild der Eltern geprägt wurde

- Kinder, die nach dem autoritären Erziehungsstil erzogen werden, sind emotional vernachlässigt
- Sie haben keine Möglichkeit, das Verhalten der Eltern nachzuahmen, da sie dann mit Sanktionen rechnen müssen

DEMOKRATISCHER ERZIEHUNGSSTIL

Der demokratische Erziehungsstil beinhaltet, dass das Kind Selbstbestimmung und Neugierde Neuem gegenüber mit einbringen darf und soll. Das Interesse des Kindes – Vorschläge, Wünsche und individuelle Bedürfnisse – wird angehört, akzeptiert, berücksichtigt und, wenn möglich, auch umgesetzt. Wichtige Entscheidungen werden mit allen Familienmitgliedern besprochen. Dadurch werden Selbstwirksamkeit, Initiative und Selbstständigkeit aller Beteiligten gefördert. Dem Kind wird somit ein ausgewogenes Verhältnis von Autorität und Freiheit vermittelt. Das Kind bekommt trotz klarer Regeln und Strukturen seitens der Eltern Wärme, Zuneigung, Akzeptanz und Einfühlungsvermögen vermittelt. Dem Kind werden ein sicherer Hafen und das Vertrauen in sich selbst geschenkt. Dies kann es dann auch anderen Personen gegenüber ausleben.

Durch eine häufige Kommunikation innerhalb der Familie kann das Kind auf einen gut ausgeprägten und komplexen Wortschatz sowie Sprachstil zurückgreifen. Das Kind besitzt ein großes Selbstvertrauen, emotionale Stabilität und Ausgeglichenheit genauso wie eine hohe Leistungs- und Lernbereitschaft. Diese positiven Fähigkeiten und Charakterzüge sind in dem emotionalen und dem motivierenden Umgang der Eltern mit dem Kind begründet. Die Kinder sind – so wie die Eltern – vollwertige und gleichgestellte Familienmitglieder. Ihre Stimme zählt genauso viel wie die der Erwachsenen. Jeder wird mit seinen Stärken und Schwächen so akzeptiert und angenommen, wie er ist. Es gibt nur wenige Anweisungen im demokratischen Erziehungsstil. Die Familie ist gemeinsam für alle getroffenen Entscheidungen verantwortlich. Wenn das Kind getadelt werden muss, wird die Kritik nur konstruktiv und mit einer Begründung ausgesprochen. Ebenso wird dem Kind bei einem Lob konkret gesagt, was es gut gemacht hat. Sollte das Kind einmal keine Lösungsmöglichkeit haben, werden ihm verschiedene Lösungen aufgezeigt und vorgeschlagen. Welche Lösungsmöglichkeit es dann letztendlich auswählt, darf es jedoch selbstständig entscheiden.

Vorteile:
- Hohes Selbstbewusstsein
- Das Kind lernt Teamfähigkeit und ist konflikt- und kritikfähig
- Das Kind kann sich und seine eigenen Leistungen besser einschätzen
- Hohe Wertschätzung anderen Menschen gegenüber wird verinnerlicht

Nachteile:
- Da das Kind auf einer hierarchischen Ebene mit den Eltern steht, kann es unter Umständen dazu kommen, dass zahlreiche Diskussionen nur mit viel Geduld und Zeit beendet und gelöst werden können
- Die Kinder können in ihren sozialen Umfeldern anecken, da sie Regeln nicht als gegeben hinnehmen
- Das kann zu Problemen im Kindergarten und in der Schule führen

EGALITÄRER ERZIEHUNGSSTIL

Dieser Erziehungsstil basiert darauf, dass alle Familienmitglieder gleichberechtigt sind. Jedes Familienmitglied hat dieselben Rechte und Pflichten, auch die Meinung des Kindes wird berücksichtigt und ernst genommen. Dabei sind die Meinungen aller Familienmitglieder gleich viel wert. Es kann deswegen durchaus möglich sein, dass die Meinung oder Idee des Kindes umgesetzt wird. Es besteht innerhalb der Familie keine Hierarchie, alles spielt sich auf Augenhöhe ab. Alle Entscheidungen, Erziehungsfragen und Regeln werden gemeinsam besprochen und zusammen festgelegt. Der egalitäre Erziehungsstil ist somit eine Steigerungsform des demokratischen Erziehungsstils. Tadel werden selten ausgesprochen. Das Kind wird häufig gelobt. Das Lob ist mit einer Rückmeldung an das Kind verbunden, damit es genau weiß, was es besonders gut gemacht hat.

Kinder haben nicht nur die gleichen Rechte, sondern auch die gleichen Pflichten wie die Erwachsenen.

Vorteile:
- Die Selbstwirksamkeit, die Eigeninitiative und die Selbstständigkeit des Kindes werden sehr gefördert
- Die individuelle Persönlichkeit des Kindes wird stark wahrgenommen und gefördert

Nachteile:
- Die Entscheidungsfindung kann stark erschwert werden, weil von jedem Familienmitglied die Meinung angehört und versucht wird, einen gemeinsamen Nenner zu finden
- Die Eltern brauchen sehr viel Zeit, Geduld und Konsequenz, damit sie ihrem Kind gegenüber die Gleichberechtigung beibehalten und zwischendurch nicht in einen anderen Erziehungsstil verfallen
- Weil innerhalb der Familie kaum Regeln oder Grenzen vorhanden sind, haben es die Kinder im späteren Leben sehr schwer – denn im Berufsleben kann und wird nicht alles ausdiskutiert werden. Kinder, die nach dem egalitären Erziehungsstil erzogen wurden, können sich nur schwer unterordnen und an Regeln halten
- Hierarchien können nur schwer akzeptiert und angenommen werden

LAISSEZ-FAIRE-ERZIEHUNGSSTIL

Dieser Erziehungsstil beinhaltet eine sehr große Passivität dem Kind gegenüber. Das Kind bekommt minimale Vorgaben, an die es sich zu halten hat. Die meiste Zeit ist es auf sich selbst gestellt und seinem Schicksal überlassen. Die Eltern geben ihrem Kind keine Struktur oder Orientierungspunkte. Dadurch hat das Kind keine Sicherheit und keinen Halt innerhalb der Familie. Es weiß nicht, was es zu bestimmten Zeiten machen soll. Die Eltern haben keinerlei Ansprüche an ihr Kind. Bei auftretenden Auseinandersetzungen werden die Bedürfnisse des Kindes nicht berücksichtigt oder überhaupt ernst- und wahrgenommen. Am und mit dem Kind werden nur die allernötigsten Aufgaben verrichtet, dabei sind die Eltern ihrem Kind gegenüber aber freundlich. Ansonsten haben sie eher eine neutrale Einstellung ihrem Kind gegenüber. Die Eltern vermitteln ihrem Kind ein Gefühl von Desinteresse, Gleichgültigkeit und Ablehnung. Eltern, die mit dem Laissez-faire-Erziehungsstil erziehen, vernachlässigen sehr häufig ihre Kinder.

Vorteile:

- Die Kinder sind sehr selbstständig

Nachteile:

- Da das Kind keine positive emotionale Bindung erfährt, hat es auch im späteren Leben Schwierigkeiten, Beziehungen aufzubauen und zu führen
- Aufgrund der körperlichen und seelischen Abwesenheit der Eltern dem Kind gegenüber lernt es nicht, wie eine gesunde Nähe und Distanz anderen Menschen gegenüber auszusehen haben. Wenn eine Person diesen Kindern dann Aufmerksamkeit schenkt, versuchen sie, sich diese Zuneigung um jeden Preis zu sichern. Dabei achten sie nicht auf die Grenzen der anderen Menschen, was diese wiederum vor den Kopf stößt und ein Gefühl der Ablehnung hervorruft. Dies

führt dazu, dass das Kind auch im späteren Leben Schwierigkeiten bei Beziehungen hat, da es immer auf der Suche nach Liebe ist und die Grenzen der anderen Menschen dafür überschreitet

- Das Kind hat im späteren Leben sehr starke Anpassungsschwierigkeiten. Engagement und Leistungen für bestimmte Aufgaben können nur befriedigend, wenn überhaupt, erfüllt werden
- Kinder, die nach dem Laissez-faire-Erziehungsstil erzogen wurden, neigen später dazu, Alkohol und Drogen zu konsumieren. Dies ist zudem mit einer hohen Kriminalitätsrate verbunden
- Weil das Kind die meiste Zeit des Tages sich selbst überlassen ist und die Eltern nur sehr passiv auf ihr eigenes Kind achten, bemerken die Eltern nicht, wenn ihr Kind in gefährlichen Situationen steckt

PERMISSIVER ERZIEHUNGSSTIL

Beim permissiven Erziehungsstil fehlt es an elterlicher Autorität, weil kaum Grenzen gesetzt werden. Auch hierbei verhalten sich Eltern eher passiv dem Kind gegenüber, geben ihm jedoch Hilfestellungen, wenn das Kind sie einfordert. Der permissive Erziehungsstil ist stark an den Bedürfnissen des Kindes orientiert. Anders als beim Laissez-faire-Erziehungsstil sind die Eltern dem Kind gegenüber freundlich und handeln oftmals überfürsorglich.

Ähnlich wie beim Laissez-faire-Erziehungsstil fallen dann aber auch die Vor- und Nachteile dieses Erziehungsstils aus.

Vorteil:

- Die Kinder äußern ihre Bedürfnisse und Wünsche klar und deutlich

Nachteile:

- Durch das Fehlen von Regeln und Grenzen haben diese Kinder häufig Probleme, Kompromisse einzugehen oder Rücksicht auf andere Menschen zu nehmen

- Die Überbehütung der Eltern führt zu Unselbstständigkeit und im späteren Leben oft zu einer Abhängigkeit von anderen Menschen

AUTORITATIVER ERZIEHUNGSSTIL

Dieser Erziehungsstil ist von ausgeglichener Kontrolle und hoher Orientierung an den kindlichen Bedürfnissen geprägt. Er ist eine Kombination aus Herzenswärme, klaren Regeln und Freiräumen, also der magischen drei „A“ (Anerkennung, Anleitung und Anregung). Dies beinhaltet, dass die Eltern nach dem Motto ““Freiheit mit Grenzen“ erziehen. Die Aufgaben der Eltern sind hierbei die elterliche Wertschätzung, das Fordern und Grenzen setzen sowie das Gewähren-Lassen und die Förderung der Eigenständigkeit. Die Eltern kommunizieren mit ihren Kindern aufgestellte Regeln, achten aber konsequent auf deren Einhaltung, wobei die kindlichen, aber auch die Bedürfnisse der Eltern respektiert und einbezogen werden. Dies führt in der Regel zu einer guten Eltern-Kind-Bindung. Auf soziale Umgangsformen wird großen Wert gelegt.

Vorteile:

- Die Kinder sind selbstsicher und zeigen sich im späteren Leben verantwortungsbewusst
- Sie haben hohe soziale Kompetenzen, was ihnen das Leben in der Schule und später im Beruf erleichtert
- Sie gehen respektvoll mit ihren Mitmenschen um und zeigen sich partnerschaftlich

Nachteile:

- Der Anspruch dieses Erziehungsstils besteht in der strikten Einhaltung von Regeln und der Sanktionierung bei Nichteinhaltung. Das fordert eine enorme Konsequenz im Erziehungsalltag

FAZIT – MEINE PERSÖNLICHE MEINUNG/TIPPS ZUR UMSETZUNG

Ich finde, dass die Mischung aus mehreren Erziehungsstilen ideal ist. Dabei höre ich auf mein Bauchgefühl und entscheide situationsabhängig.

Es gibt keine „perfekte" Erziehung. Jeder Mensch macht Fehler, egal, wie alt er ist oder welchen Beruf er erlernt hat. Genauso ist es auch bei der Erziehung unserer Kinder. Jeder hat unterschiedliche Ansichten und das ist auch gut so. Es kommt auch immer auf das jeweilige Kind an. Mein Kind mit ADHS braucht zum Beispiel klare Strukturen und würde mit zu viel Freiheit nicht klarkommen. Solange Sie sich selbst treu bleiben und authentisch sind, mit Ihrem Partner an einem Strang ziehen und alles mit Ihrem Gewissen vereinbaren können, können Sie zufrieden mit sich sein.

Solange Sie und Ihr Kind den Großteil des Tages glücklich sind, machen Sie es richtig. Kommt dann noch hinzu, dass Ihr Zögling selbstbewusst, liebenswert und verantwortungsbewusst ist, dann haben Sie Ihrem Kind die bedeutendsten Werte vermittelt, die es gibt. Ich sage Ihnen: Damit wird Ihr Kind im späteren Leben und besonders im Berufsleben sehr weit kommen, ohne große Probleme zu haben.

Alternative Erziehung

Genauso, wie es in der Medizin die schulische Medizin und die alternative Medizin gibt, gibt es auch in der Erziehung alternative Erziehungsstile. Ich habe die wichtigsten für Sie herausgesucht und erkläre Sie Ihnen nachfolgend. Eventuell finden Sie noch etwas, was Sie in der Erziehung Ihres Kindes umsetzen oder anwenden möchten.

MONTESSORI-PÄDAGOGIK

Viele Personen kennen die Montessori-Pädagogik möglicherweise durch ihren Leitsatz, „Hilf mir, es selbst zu tun!".
Die Gründerin Maria Montessori entwickelte 1907 durch ihre Beobachtung der Kinder ein neues Konzept. Sie stellte fest, dass Kinder mit Spaß am Lernen erfolgreicher sind. Kinder haben auch das Bedürfnis nach Ordnung, Selbstständigkeit sowie nach Respekt ihrer Person gegenüber und sie haben den Wunsch, Gehör zu finden. Das Interesse an Fakten und Fiktion ist jedem Kind schon in die Wiege gelegt worden. Das Bild vom Lernen stellt Maria Montessori wie folgt dar: Während der sensiblen Phase öffnet das Kind selbstständig ein neues Lernfenster und somit werden neue Fähigkeiten erworben. Das Kind lernt sozusagen durch eigenes Anwenden, neue Fähigkeiten umzusetzen. Dies geschieht mit allen Sinnen des Kindes.

Die Aufgabe der Eltern ist es, die Umgebung reizvoll und ansprechend zu gestalten, damit die Lernprozesse des Kindes angeregt werden können und sich gegebenenfalls ein neues Lernfenster öffnet. Die Selbstständigkeit des Kindes steht nach Montessori an oberster Stelle, deshalb sollen Eltern das Kind während seiner Entdeckungsreise in der Umgebung so gut es geht allein machen lassen. Es ist aber sehr wichtig, das Kind auf seiner Entdeckungsreise zu beobachten, damit auf die kindlichen Bedürfnisse und die individuelle Entwicklung zukünftig eingegangen werden kann.

Vorteile:

- Die Kinder sind selbstständig und erfahren eine große Selbstwirksamkeit, weil sie selbst wählen dürfen, womit sie sich beschäftigen wollen und was sie interessiert. Dadurch ist die Motivation, etwas zu lernen, viel größer, und das Erlernte kann einfacher verinnerlicht werden.

Nachteile:

- Der musikalische Bereich ist Nebensache und wird nicht gefördert.

PIKLER-PÄDAGOGIK

Die Pikler-Pädagogik wurde von Emmi Pikler erforscht. Zentral in diesem Erziehungsstil ist, dass jedes Kind als individuelle und eigenständige Persönlichkeit gesehen wird. Deswegen hat es auch eine ganz individuelle Geschwindigkeit in seiner Entwicklung. Der nächste Entwicklungsschritt kommt dann, wenn das Kind für den nächsten Schritt bereit ist. Das Kind kann sich nur optimal entwickeln, wenn eine wertschätzende und liebevolle Umgebung besteht. Es wird viel mehr auf Kontakt und Kommunikation zwischen Eltern und Kind wert gelegt als auf Spielzeug. Besonders in den ersten Lebensmonaten soll jede Gelegenheit genutzt werden, um dem Kind jede Situation und Begebenheit zu erklären. Dabei ist es wichtig, dass der Umgang von Liebe und Respekt geprägt ist. Die Kinder sollen bei Interesse so früh wie möglich den Erwachsenen in ihren Tätigkeiten assistieren dürfen. Pikler sagt, dass Kinder immer lernbereit sind und keinen bestimmten Zeitraum oder eine bestimmte Vorbereitung dafür benötigen. Aus diesem Grund soll der Alltag schon so strukturiert werden, dass die

Kinder aktiv mitwirken und sich die Fähigkeiten durch die Vorbildfunktion der Eltern aneignen können.

Vorteile:

- Das Kind fühlt sich geliebt, angenommen und wertgeschätzt und kann so ein gesundes Selbstbewusstsein entwickeln.
- Das Kind wird ohne Druck und Vergleiche erzogen.

Nachteile:

- Dieser Erziehungsstil ist nur auf Kleinkinder ausgerichtet.
- Er ist sehr zeitintensiv, da man in ständiger Kommunikation mit dem Kind ist. Dieser hohe Zeitaufwand kann eine sehr große Herausforderung für manche Erziehende darstellen.

WALDORF-PÄDAGOGIK

Die Waldorf-Pädagogik, konzipiert von Rudolf Steiner, sieht das Kind als noch unreifen Menschen, der einen Schonraum braucht, um „funktionstüchtig" im Sinne der Gesellschaft werden zu können. Laut Steiner vollzieht sich die Entwicklung in einem Rhythmus von sieben Jahren. Dieser Zeitraum wird jedoch sehr individuell genutzt und ist von Kind zu Kind unterschiedlich. In den ersten Jahren der sieben Jahre ist das Kind in erster Linie ein nachahmendes Wesen, das die Verhaltensweisen der Menschen seiner Umgebung gut beobachtet und kopiert. Im zweiten Abschnitt der sieben Jahre braucht das Kind einen Menschen, zu dem es aufschauen und den es als Vorbild haben kann. Im dritten Sieben-Jahres-Abschnitt entwickelt das Kind seine eigene innere Persönlichkeit. Als Jugendlicher macht sich das Kind dann selbst auf die Suche nach dem Sinn seines Lebens. Besonderes Augenmerk wird auf die künstlerischen und handwerklichen Fähigkeiten gelegt. Dadurch soll der Wille des Kindes differenziert ausgebildet werden und es erfolgt eine lebenspraktische Orientierung.

Vorteile:

- Es wird auf die individuelle Entwicklung des Kindes Rücksicht genommen.
- Kreativität und handwerkliches Geschick werden gefördert.

Nachteile:

- Kritiker sehen den Schonraum, in welchem die Kinder aufwachsen, als äußert gefährlich an, da sie dadurch leicht manipuliert werden können und weltfremd aufwachsen.

REGGIO-PÄDAGOGIK

Reggio ist kein Erziehungsstil an sich, sondern eine Lebenseinstellung. Der Leitgedanke ist ein demokratisches Menschenbild. Es gibt keine Hierarchien. Der Raum gilt in der Reggio-Pädagogik als dritter Erzieher. Er soll Geborgenheit, Rückzugsmöglichkeit, Informationsbereich, Entdeckerzone, Materiallager und Treffpunkt für die Kinder vermitteln und sein. Die Kinder werden durch die Erzieher beobachtet, ihre Interessen werden aufgegriffen und in einem Projekt, ohne feste Vorgaben und Ziele, begleitet. Hier ist die Kreativität der Eltern gefragt, dem Kind ansprechendes Material zur Verfügung zu stellen. Durch Experimente sollen die Kinder die Welt selbst entdecken. Es werden ihnen keine fertigen Lösungen präsentiert. Die Kinder haben in allem eine Entscheidungsfreiheit, was aber nicht bedeutet, dass es keine Regeln gibt. Diese werden aber zusammen festgelegt und dadurch besser eingehalten.

Vorteile:

- Viel Freiheit, um eigene Entscheidungen zu treffen. Das erhöht das Selbstbewusstsein und das Gefühl der Selbstwirksamkeit, was das Kind eigenständiger werden lässt.
- Kreativität, Spontanität und logisches Denken werden gefördert.

Nachteile:

- Kinder lernen nichts kennen, was sie nicht auf Anhieb begeistert. Dadurch kann ein eingeschränkter Blick auf die Welt entstehen.
- Es werden die Stärken der Kinder gestärkt, aber die Schwächen geraten in den Hintergrund. Es wird nicht an ihnen gearbeitet.

BEDÜRFNISORIENTIERTE PÄDAGOGIK – ATTACHMENT-PARENTING

Es geht bei dieser Form der Erziehung darum, wie sich die Bindung zwischen Eltern und Kind stetig fördern lässt. Es wird Wert daraufgelegt, dass sich die Mutter viel Zeit für das Kind nimmt, mit viel körperlicher Nähe auf dieses reagiert und jedes seiner Signale wahrnimmt. Die bedürfnisorientierte Erziehung glaubt daran, dass Sie Ihr Kind nicht verhätscheln können, wenn Sie auf jedes seiner Gefühle eingehen. Zum Beispiel versuchen frischgebackene Eltern, ihr schreiendes Baby durch Schnuller, Flasche, Windeln wechseln, Brust oder Schaukelbewegungen zu beruhigen. Was aber, wenn das Kleine gerade einfach nur schreien möchte? Wenn es Erlebnisse zu verarbeiten hat, die raus müssen? Nach der bedürfnisorientierten Erziehung sollten Sie Ihr Kind in all diesen Alltagssituationen begleiten und ihm tröstend und verständnisvoll zur Seite stehen. Statt dem Kind zu drohen oder irgendwie zu versuchen, es dazu zu bringen, sich leise und angepasst zu verhalten, sollten Sie den Konflikt gemeinsam aufarbeiten. Es ist wichtig, dass Ihr Kind sieht, dass unangenehme Situationen und unerfüllte Wünsche zum Leben dazu gehören, aber erträglicher werden, wenn man die richtigen Menschen an seiner Seite hat.

Besonders wichtig sind für den bedürfnisorientierte Erziehungsstil folgende Dinge:

- Aufnahme des Körper- und Augenkontakts zwischen Mutter und Kind sofort nach der Geburt
- Stillen statt Flaschennahrung
- (möglichst häufiges) Tragen des Kindes am Körper
- Schlafen in der Nähe des Kindes
- Beachten des Schreiens des Kindes
- Kein Schlaftraining (Durchschlaftraining)
- Balance der Bedürfnisse von Kind und Mutter (Delegieren und Wegorganisieren der Arbeiten der Mutter, damit sie ihre Zeit mit dem Baby verbringen kann)

Vorteile:

- Das Kind fühlt sich geliebt, angenommen und wertgeschätzt und kann so ein gesundes Selbstbewusstsein entwickeln.
- Das Kind wird ohne Druck und Vergleiche erzogen.
- Die individuelle Persönlichkeit des Kindes wird stark wahrgenommen.

Nachteile:

- Es werden die Stärken der Kinder gestärkt, aber die Schwächen geraten in den Hintergrund. Es wird nicht an ihnen gearbeitet.
- Dieser Erziehungsstil ist sehr zeitintensiv, da man in ständiger Kommunikation mit dem Kind ist. Dies fördert die Burn-out-Gefahr für die Eltern.

Klassische Elternfehler

Streit unter Geschwistern, Trotzphasen, Schmollen, Nörgeln und Null-Bock-Stimmungen kommen Ihnen bekannt vor? Nicht alles kann man auf die Kinder schieben. Manchmal müssen wir Erwachsene den Fehler bei uns suchen und uns ändern, damit eine Veränderung in das Verhalten unseres Kindes eintritt. Die häufigsten Elternfehler habe ich für Sie zusammengetragen und zeige Ihnen auf, wie man sie ausmerzen kann.

ACHTEN SIE AUF SICH SELBST

1. Seien Sie ehrlich

Manchmal brauchen wir auch einmal Zeit für uns. Erklären Sie Ihrem Kind, dass Sie danach mit neuer Energie wieder für es da sein werden. Kinder sind da verständnisvoller, als wir denken. Sie kennen es selbst, manchmal ganz ungestört spielen zu wollen.

Lernen Sie, Nein zu sagen. Wenn Sie Wünsche anderer zurückweisen, weil Sie sich momentan nicht in der Lage fühlen, sie zu erfüllen, bedeutet das nicht, dass Sie keine nette Person mehr sind. Sie müssen auch auf Ihre Bedürfnisse achten und diese klar formulieren, damit Ihr Gegenüber weiß, dass Ihre Entscheidung nichts mit ihm persönlich zu tun hat – sei es die Bitte, einen Kuchen für das Sommerfest im Kindergarten zu backen oder die Bitte Ihres Kindes, ihm noch einmal sein Lieblingsbuch vorzulesen. Wenn es für Sie, aus welchen Gründen auch immer, schwierig ist, sagen Sie Nein und stehen Sie auch dazu.

2. Achten Sie auf Ihre Freizeit

Pflegen Sie Ihre Hobbys und Freundschaften. Manche Hobbys können Sie gut mit Ihren Kindern vereinbaren, zum Beispiel Stricken, Zeichnen oder im Garten arbeiten. Besprechen Sie mit Ihrem Partner, an welchen ein oder zwei Abenden in der Woche er sich allein um die Kinder kümmert, damit Sie das Haus verlassen können. Andersherum sollten Sie Ihren Partner auch regelmäßig seinen Hobbys nachgehen und Freunde treffen lassen. Reservieren Sie auch regelmäßig einen Abend für sich als Paar. Engagieren Sie sich einen Babysitter oder fragen Sie die Großeltern, ob sie bereit wären, auf Ihre Kinder aufzupassen. Aber auch, wenn Sie alleinerziehend sind, ist es wichtig, dass Sie sich Freiräume schaffen, in denen Sie ohne Ihre Kinder etwas unternehmen können. Sie könnten sich mit anderen Alleinerziehenden zusammentun und die Kinder im Wechsel beaufsichtigen.

Manchmal ist Sport eine gute Möglichkeit, Kraft zu tanken und Ihre Energiereserven wieder aufzuladen. Vielleicht haben Sie die Möglichkeit, Mitglied in einem Fitnessstudio zu werden, das zusätzlich eine Kinderbetreuung anbietet. Während Ihr Kind dann mit anderen Kindern spielen kann und betreut wird, können Sie sich richtig verausgaben. Sind Sie eher kein Vereinsmensch, können Sie auch mit dem Kind in einem speziellen Kinderwagen joggen gehen.

Wenn Sie aber sowieso ein Sportmuffel sind, kommt das wohl nicht in Frage.

Suchen Sie sich etwas, was Ihnen Spaß macht und bei dem Sie Ihre Batterien aufladen können. Denken Sie daran, was Sie gerne gemacht haben, bevor Ihr Kind da war, und versuchen Sie, wieder darauf zurückzugreifen.

3. Vertrauen Sie sich anderen an

Es kann sehr befreiend sein, sich den Kummer von der Seele reden zu können. Sie werden hören, dass es in anderen Familien auch nicht immer perfekt läuft. Das kann Sie trösten und vielleicht hören Sie noch den einen oder anderen guten Tipp von der Person Ihres Vertrauens.

Hilfreich ist es auch, wenn Sie sich zum Beispiel in Kleinkinder- und Spielgruppen mit anderen Eltern treffen und austauschen können.

4. Nehmen Sie die Dinge nicht so schwer
Regen Sie sich nicht über Dinge auf, die schon passiert sind und sich nicht ändern lassen. Versuchen Sie, die Dinge mit Humor und Optimismus zu sehen. Dadurch verändert sich die Situation zwar nicht, aber Sie haben mehr Freude am Leben. Verlangen Sie auch nicht zu viel von sich. Sie sind ein Mensch und keine Maschine. Sie werden Fehler machen und das dürfen Sie auch. Wir können unsere Fehler nicht immer verhindern und manchmal merken wir auch gar nicht, was wir gerade falsch gemacht haben. Aber niemand ist perfekt. Verzeihen Sie sich selbst, entschuldigen Sie sich bei der betroffenen Person und leben Sie Ihr Leben ohne Schuldgefühle weiter.

5. Gesundes Körpergefühl
Die meisten Frauen nehmen in der Stillzeit ab. Frauen verbrauchen beim Stillen extrem viele Kalorien und können dafür von ihrem „Reservespeck“ der Schwangerschaft zehren. Oft wollen Frauen dabei gar nicht bewusst abnehmen, sondern es geschieht einfach. Zusätzlich zum Stillen ist natürlich auch das Tragen des Kindes im Tragetuch energiezehrend, sodass auch dadurch noch zusätzliche Kalorien verbraucht werden und noch schneller an Gewicht verloren wird. In Bezug auf das Abnehmen sollten Sie sich keinen Stress machen und die Natur walten lassen. Verzweifeln Sie nicht, wenn Sie zu denen gehören, bei denen es in der Stillzeit genau umgekehrt verläuft und Sie stattdessen zunehmen.

Falls Sie zunehmen sollten, empfiehlt es sich aber, die Ernährung zu überprüfen und diese eventuell umzustellen. Ein regelmäßiger Blick auf die Waage hilft, das eigene Gewicht zu kontrollieren. Lernen Sie mit der Zeit, abzuschätzen, wie viel Essen Sie vertragen, ohne zuzunehmen. Bei Gewichtszunahme an einem Tag können Sie dies am nächsten Tag schnell wieder ausbalancieren, indem Sie etwas weniger und gesünder essen. Der erste Schritt, um abzunehmen, ist, das eigene Gewicht auf demselben Niveau halten zu können. Es nützt nichts, wenn Sie zwei Kilo abnehmen können, aber nicht gelernt haben, das Gewicht zu halten. Die zwei Kilos sind dann leider sehr schnell wieder da. Das Gleiche gilt natürlich auch für den umgekehrten Fall.

Dieser sogenannte „Jo-Jo-Effekt" ist natürlich sehr frustrierend. Man neigt dann dazu, irgendwie ständig mit dem Gewicht beschäftigt zu sein, was einen Menschen bestimmt nicht glücklicher macht. Am besten ist es, Sie genießen Ihr Essen und bereiten es möglichst frisch und abwechslungsreich zu. Sehr wichtig ist auch das gemeinsame Essen mit der Familie.

KOMMUNIKATION

1. Diskussionen begrenzen
Es ist wichtig, dass Ihr Kind zu Wort kommen und auch seine Meinung äußern darf. Auch Diskutieren ist in Ordnung, es gibt aber Ausnahmen. Manche Kinder fangen genau dann an, zu diskutieren, wenn es Zeit ist, ins Bett zu gehen, oder wenn sie ihren Verpflichtungen nachkommen sollen. Es ist eine Verzögerungstaktik. Darauf sollten Sie nicht eingehen. Es gibt Regeln, die Sie aufgestellt haben, und daran muss sich Ihr Kind halten. So zum Beispiel das Zähneputzen: Wenn Ihr Kind zweimal täglich eine Diskussion über Sinn und Unsinn des Zähneputzens beginnt, stoppen Sie es. Sagen Sie ihm klar, dass das kein Thema zum Diskutieren ist. Am Anfang wird Ihr Kind das nicht gleich akzeptieren können und versucht es immer wieder. Bleiben Sie konsequent, wird Ihr Kind bald wissen, dass es diese Tätigkeiten trotzdem ausführen muss und gar nicht erst versuchen braucht, sich herauszureden. Solche Situationen sind dann für beide Seiten stressfreier.

2. Gründe nennen und anhören

Sie sollten Ihrem Kind sagen, wie Sie sich in bestimmten Situationen fühlen, statt ihm sein Verhalten an den Kopf zu werfen. Dadurch kommt es nicht automatisch in eine Verteidigungshaltung. „Ich mache mir große Sorgen, wenn du zu spät kommst und ich nicht weiß, was der Grund dafür ist.", wird bei Ihrem Kind mehr Verständnis für die Situation aufkommen lassen als etwa „Immer bist du zu spät! Morgen hast du Hausarrest!".

Fragen Sie Ihr Kind aber auch einmal, warum es sich auf eine bestimmte Weise verhalten hat. Hören Sie dann auch genau zu und versuchen Sie, seine Sichtweise zu verstehen. Vielleicht steckt hinter manchen Verhaltensweisen ein Wunsch des Kindes, den Sie berücksichtigen können. Ihr Kind wird Ihre Wünsche und Bitten bereitwilliger erfüllen, wenn es sich selbst auch gehört, angenommen und ernst genommen fühlt.

3. Der richtige Zeitpunkt

Besonders bei Kritik ist es wichtig, den richtigen Zeitpunkt abzuwarten. Warten Sie auf einen Moment, in dem die erhitzten Gemüter sich schon beruhigt haben. Nehmen und geben Sie sich und Ihrem Kind Zeit. Manche Gespräche sollten nicht zwischen Tür und Angel geführt werden.

4. Klar formulieren

Wenn Sie einen Wunsch, eine Bitte oder Kritik an Ihr Kind herantragen, formulieren Sie dies klar und unmissverständlich.

Nehmen wir als Beispiel etwa, „Kannst du bitte den Müll herunterbringen?". In Wirklichkeit wollen Sie nicht wissen, ob Ihr Kind den Müll herunterbringen kann. Sie wissen es doch. Wenn es Ihrem Kind aus irgendeinem Grund nicht möglich wäre, hätten Sie es sicher nicht gefragt. Es war für gewöhnlich auch keine Frage an Ihr Kind, sondern eine Aufforderung. Auf die oben gestellte Frage kann Ihr Kind ganz einfach Nein sagen und es würde zurecht nicht verstehen, wenn Sie wütend werden. Besser ist es, im oben genannten Beispiel zu sagen, „Wirf bitte den Müll in die Tonne.".

5. Verneinungen vermeiden
Sie als Eltern kommunizieren möglicherweise oft mit „Nein" oder „Nicht". Ihr Kind versteht diese Wörter jedoch nicht. Aus diesem Grund passiert immer das Gegenteil. Das, was Sie Ihrem Kind mitteilen, bildet einen Handlungsablauf in seinem Gehirn und es wird ein Szenario abgespielt. Bis jedoch das Gegenteil im Gehirn Ihres Kindes produziert wird – dieser Vorgang dauert eine kurze Zeit –, wurde das eigentlich Verneinte bereits ausgeführt.

Hier ein Beispiel: Sie backen zusammen Kuchen und sagen zu Ihrem Kind, „Wirf bitte nicht mit dem Mehl herum". Ehe Sie sich versehen, hat Ihr Kind mit dem Mehl geschmissen und Sie sind von oben bis unten voller Mehl. Da das Umdrehen des Bildes in die Verneinung ein komplexer Vorgang ist, nimmt dieser bei Ihrem Kind noch sehr viel Zeit in Anspruch. Arbeiten Sie deshalb an Ihren Formulierungen. Besser wäre es gewesen, die Aussage so zu formulieren, dass Ihr Kind sofort weiß, was es zu erledigen hat, etwa „Schütte bitte das Mehl in die pinkfarbene Schüssel". Sie werden sehen, dass Ihr Kind Ihre klare, kurze und präzise Aussage umgehend befolgt.

Negative Formulierungen haben einen negativen – oder zumindest keinen positiven – Effekt auf das Kind. Hier kommt dann häufig noch die sich selbst erfüllende Prophezeiung zum Tragen. Klettert Ihr Kind zum Beispiel auf einer Mauer herum, macht es wenig Sinn, es mit der Bemerkung, „Du fällst noch da herunter, wenn du so weiterturnst", auf eine mögliche negative Folge seines Entdeckerdrangs hinzuweisen und diese in seinem Kopf zu verankern. Besser wäre es, wenn Sie Ihr Kind in

dem Augenblick mit Worten positiv unterstützen, etwa mit der Aussage, „Du kannst schon toll auf dieser Mauer gehen, schau mal, ob du es bis zum Ende schaffst".
Vermeiden Sie es, Ihre Befürchtungen mitzuteilen, was alles geschehen könnte. Das heißt natürlich nicht, dass Sie dem Kind niemals mitteilen sollen, was für Folgen sein Handeln haben könnte, denn schließlich gibt es durchaus gefährliche Situationen. Wichtig ist es, eine ausgewogene Balance zu finden, denn je häufiger Eltern dem Kind gefährliche Situationen vor Augen halten, desto weniger nimmt das Kind eine „wirklich" gefährliche Situation wahr.

Es lohnt sich, im Alltag auf die Auswirkungen negativer Erwartungshaltungen zu achten und sich diese bewusst zu machen. Nur durch das Erkennen der eigenen negativen Erwartungshaltung ist es möglich, sich in Zukunft anders zu verhalten und die negative durch eine positive Erwartungshaltung zu ersetzen. Es braucht zugegebenermaßen etwas Übung, bis Sie automatisch und selbstverständlich positive Formulierungen verwenden, aber es wird sich lohnen, sowohl für Ihr Kind als auch für Sie, denn Sie können sich dadurch gelassener auf das positive Verhalten Ihres Kindes konzentrieren.

6. Situationen und Zeit übersetzen

Weil Kinder erst zwischen dem dritten und sechsten Lebensjahr das Zeitgefühl entwickeln, kann Ihr Kind nicht einschätzen, was morgen bedeutet. Wenn Sie als Familie zum Beispiel am Samstag überlegen, was am Sonntag gemacht werden kann, und jemand den Vorschlag hat, morgen in den Zoo zu fahren, springt Ihr Kind vielleicht plötzlich auf, rennt zu den Schuhen in den Flur und zieht sich diese an. Es wird traurig sein, dass es nicht gleich los in den Tierpark geht. Besser wäre die Aussage: „Du musst noch einmal schlafen, dann fahren wir in den

Tierpark." – diese Aussage kann Ihr Kind besser verarbeiten und verstehen.
Geht es um ein Ereignis, welches eine Woche oder länger in der Zukunft liegt? – Nutzen Sie am besten einen Wochenkalender. So können Sie jeden Tag einen Sticker einkleben, wenn dieser vorbei ist. Ihr Kind lernt mit diesem Zählsystem, ein Zeitgefühl zu entwickeln. Es versteht die aktuelle Situation besser und kann diese gut einschätzen. Ebenso wird dem Kind vermittelt, dass es aktiv im Geschehen dabei ist.

UNSER ALLTAG IST DIE KINDHEIT UNSERER KINDER

1. Zeit nehmen
Wenn unsere Kinder groß geworden sind, werden sie nicht darüber nachdenken, dass in ihrer Kindheit der Bügelwäscheberg immer klein, die Zimmer immer ordentlich und alles immer staubfrei war. Sie werden sich an die Zeit erinnern, die Sie mit ihnen verbracht haben. Natürlich ist es legitim, sein Kind auf später zu vertrösten, wenn man dringend etwas erledigen möchte, Ihr Kind muss auch lernen, zu warten. Allerdings ist es auch sehr wichtig, seinem Kind regelmäßig ungeteilte Aufmerksamkeit zu schenken. Wenn Sie zu wenig Zeit haben, zu gestresst oder zu genervt sind, sollten Sie das sich und Ihren Kindern zuliebe ändern.

Setzen Sie Prioritäten. Erledigen Sie Dringendes zuerst, unwichtige Sachen können warten. Überprüfen Sie auch Ihren Anspruch. Vielleicht muss nicht jedes T-Shirt gebügelt und im Herbst täglich Laub gerecht werden. Die so gesparte Zeit sollten Sie mit Ihrem Kind verbringen und etwas machen, das Ihnen beiden Freude bereitet. Haben Sie Spaß und lachen Sie miteinander. Schaffen Sie gemeinsame Rituale. Damit gerät garantiert nicht in Vergessenheit, dass Sie sich Zeit für Ihr Kind nehmen sollten.

Kinder suchen in ihrer Entwicklung fast ständig nach Reaktionen und Aufmerksamkeit. Schenken Sie Ihrem Kind vor allem bei gutem Verhalten Ihre Aufmerksamkeit. Bekommt Ihr Kind die gewünschte Beachtung und Liebe nicht, so versucht es, diese über negatives Verhalten zu erlangen. Es ist dem Kind „lieber“, eine negative Reaktion zu erhalten als gar keine. Sie können ein negatives Verhalten Ihres Kindes also unterbinden oder zumindest deutlich reduzieren, wenn Sie es vor allem bei gutem Verhalten loben, ihm zuschauen und möglichst viel Zeit mit ihm verbringen. Um langfristig ein konstruktives Verhalten bei Ihrem Kind zu fördern, sollten Sie im Alltagsstress nicht vergessen, dem Kind zwischendurch Ihre Zeit, Ihre Aufmerksamkeit und Ihr Interesse zu schenken.

2. Lob und Kritik

Lob und Ermutigung sind die wichtigsten Erziehungsmethoden, um das Selbstvertrauen Ihres Kindes zu stärken. Es gibt in unserer Welt so viele Rückschläge für jeden von uns. Um zu lernen, sich durchzusetzen und zu behaupten, braucht Ihr Kind Ihre Anerkennung und Wertschätzung. Versuchen Sie, positiv mit Ihrem Kind zu sprechen. Statt „Ich habe mir ja gleich gedacht, dass du das nicht schaffst“, ist es viel besser, etwa „Versuche es noch einmal. Vielleicht klappt es dann“ zu sagen.

Das Verhältnis von Lob zu Kritik sollte bei 5:1 liegen. Das bedeutet, dass auf jede Kritik mindestens fünfmal Lob und Ermutigung erfolgen sollen. Tatsächlich ist das ein Mindestmaß, sonst trägt das Selbstwertgefühl Ihres Kindes Schaden davon.

Kinder haben große Freude daran, wenn ihnen etwas gelingt oder wenn sie einfach experimentieren dürfen. Durch das Tun und dessen Ergebnis, sei es in Form eines Produktes oder um eine Erfahrung reicher zu sein, geben Sie dem Kind ein positives Erlebnis. Es ist nicht angewiesen auf unser Lob, was aber nicht heißt, dass Sie es nicht loben sollen. Falls es für Ihr Kind noch zu schwer sein sollte, ohne Ihre Hilfe einen Kuchen zu backen, können Sie einen Teil übernehmen und das Kind zum Beispiel den Teig rühren lassen. Dem Alter und den Fähigkeiten des Kindes entsprechend gibt man ihm eine Aufgabe. Die Freude des Kindes wird getrübt, wenn Sie ihm alle Arbeitsschritte abnehmen, obwohl es bereits einige Dinge selbst machen könnte. Erfahrungen können nur gesammelt werden, wenn auch die Gelegenheit dafür da ist. Versuchen Sie also, Ihrem Kind nicht alles abzunehmen, und geben Sie ihm Aufgaben, die es erledigen kann.

3. Grenzen setzen

Je älter das Kind wird, desto mehr Grenzen will es erfahren. Die ersten Monate braucht es noch keine Grenzen gesetzt zu bekommen. Es wird aber immer mehr feststellen, dass es eine eigene Persönlichkeit hat, und merken, dass es ein Ich und ein Du gibt.

Die erste Trotzphase beginnt mit etwa zwei Jahren. Bei den meisten Kindern äußert sich diese, indem Sie immer Nein sagen – „Nein, ich will nicht! Nein, das mache ich nicht!“. Es ist für Eltern nicht immer leicht, ruhig und gelassen zu bleiben, wenn das Kind gerade einen „Tobsuchtanfall“ bekommt.

Grenzen können gesetzt werden, indem man versucht, ruhig und bestimmt zu sprechen und das Gewünschte gegebenenfalls zwei oder drei Mal zu wiederholen. Denken Sie daran, dass das Kind vielleicht die Botschaft schon deshalb nicht verstehen kann, weil es neben seinem Geschrei nichts anderes mehr hört. Falls man selbst etwas nicht möchte, gilt es, klar “Nein” zu sagen und auch dabei zu bleiben. Ein Kind, welches die Erfahrung gemacht hat, dass die Eltern zuerst Nein sagen und zum Schluss doch nachgeben, wird dies mit der Zeit gnadenlos ausnutzen. Langfristig erfolgreich und angenehm ist es, das Kind für das gewünschte Verhalten zu motivieren. In solchen Situationen sind Erwachsene wirklich gefordert und merken häufig auch, wo ihre eigenen

Grenzen sind, um ruhig und beherrscht zu bleiben. Bei Schwierigkeiten in Stresssituationen hilft es, sich mit jemandem darüber auszutauschen und bei Bedarf auch Hilfe anzufordern. Es hilft dann manchmal schon, zu erfahren, dass es anderen Eltern auch so geht und dass auch sie manchmal an ihre Grenzen kommen.

Angedrohte Strafmaßnahmen sollten unbedingt auch umgesetzt werden, diese sind aber dem Alter des Kindes anzupassen. Für ein zweijähriges Kind reicht die Konsequenz, 30 Sekunden im Zimmer bleiben zu müssen. Die „Strafe“, zum Beispiel den ganzen Tag lang nicht Bobbycar fahren zu dürfen, geht in diesem Alter jedoch deutlich zu weit, da das Kind ein solches Verbot in der zweiten Tageshälfte unter Umständen nicht mehr mit dem Fehlverhalten in Zusammenhang bringen kann. Auch die Drohung, bei einem weiteren Fehlverhalten sofort den Spielplatz verlassen und nach Hause gehen zu müssen, ist meist übertrieben. Dabei bestraft man sich möglicherweise auch selbst, da man vielleicht gerne noch etwas geblieben wäre. Das Kind sollte dann beispielsweise besser fünf Minuten bei einem sitzen bleiben müssen.

4. Förderung des Einfühlungsvermögens

Sich in andere hineinzuversetzen und zu merken, wie es anderen geht, ist eine wichtige Fähigkeit, um in unserer Gesellschaft erfolgreich bestehen zu können. Einem Menschen, der diese Fähigkeiten nicht hat, wird es im Leben schwerer fallen, mit seinen Mitmenschen umzugehen. Das größte Vorbild zur Entwicklung des Einfühlungsvermögens in den ersten Lebensjahren eines Kindes sind die engsten Bezugspersonen. Es wird im Leben eines Menschen schwierig, die Gefühle anderer nachvollziehen zu können, wenn man dies als Kind nicht vorgelebt bekommen hat.

Gehen Sie einfühlsam auf das Kind ein, spürt es dies und entwickelt selbst seine eigenen emphatischen Fähigkeiten. Kleine Kinder sind kleine Menschen, die ernst genommen werden möchten. Zu Beginn sprechen Sie vielleicht mit etwas höherer Stimme und einfachen Sätzen, trotzdem können Sie das Kind als Person ernst nehmen und respektieren. Sie sollten Kinder so behandeln, wie Sie selbst gerne behandelt worden wären. So kann das Kind schon von den ersten Tagen an lernen, was emphatisches Verhalten ist. Es lernt zuerst über die Mimik seiner Bezugspersonen, welche Stimmung zu welchem Gesichtsausdruck gehört. Kleine Kinder müssen mit unserer Hilfe noch lernen, wie ein Gesicht aussieht, wenn es traurig oder fröhlich ist. Man kann dies den Kindern spielerisch beibringen.

Babys und Kleinkinder finden Grimassen sehr lustig. Bei einem Zweijährigen kann man selbst Gesichtsausdrücke verschiedener Stimmungslagen vorspielen – einmal mit einem wütenden Gesichtsausdruck und dann wieder bis hinter beide Ohren lachend. So lernt das Kind verschiedene Gefühlsäußerungen in Mimik und Gestik kennen. Das macht sehr viel Spaß und Kinder machen diese Gesichtsausdrücke früher oder später auch selbst nach.

Empathie zu empfinden, heißt nicht, dass man gleich mitweinen muss, wenn ein anderer weint. Fällt das Kind hin, ist es nicht optimal, gleich überstürzt mit übertriebenem Mitleid zu reagieren, bevor das Kind überhaupt festgestellt hat, ob der Sturz nun wirklich weh getan hat oder nicht. Das hilft dem Kind nicht dabei, sein Einfühlungsvermögen zu entwickeln, sondern höchstens dabei, etwas mehr von unserer Aufmerksamkeit zu erhaschen, wenn es Schmerzen hat. Außerdem gibt es einen klaren Unterschied zwischen Mitgefühl und Mitleid. Es reicht vollkommen aus, für das Kind da zu sein, falls es gehalten werden will.

Ein anderes Beispiel: Das Kind stürzt über einen Gegenstand. Die Situation sieht lustig aus und die Mutter lacht. In Bezug auf die Entwicklung des Einfühlungsvermögens ist auch dies die falsche Art, zu reagieren. Es wird über das Kind gelacht und dies in einer Situation, in der ein Missgeschick geschehen ist. Das Kind fühlt sich nicht ernst genommen. Eine solche Situation führt noch nicht zu mangelndem Einfühlungsvermögen. Häufen sich jedoch solche Situationen, bekommt das Kind die falschen Signale und wird der Möglichkeit beraubt, ein gesundes Einfühlungsvermögen mit entsprechenden Reaktionen zu entwickeln. Natürlich darf über ein kleines Missgeschick auch einmal gelacht werden, aber eben nicht permanent und nicht jedes Mal.

Zweijährige Kinder, die beißen und/oder schlagen, sollten lernen, dass ihre Handlungen Schmerz verursachen. Eine schnelle Reaktion ist deshalb in jedem Fall wichtig. Es gilt sofort zu intervenieren. Ein „Aua!" und etwas Abstand helfen dem Kind, zu merken, dass seine Handlung nicht toleriert wird.

5. Förderung des selbstständigen Spiels

Die Förderung des Kindes zum selbstständigen Spielen kann schon sehr früh beginnen, beispielsweise bei einem vier Monate alten Baby: Es möchte nur wenige Minuten allein sein und schon bald vermisst es die Mutter oder den Vater. Am liebsten möchte es überall hin mitgenommen werden, ins Bad oder in die Küche, denn für das Kind gibt es viel zu schauen. Es sieht, was wir tun, es hört viele neue Geräusche und es riecht viele ihm unbekannte Gerüche. Mit Ihnen in seiner Nähe fühlt es sich nicht allein. Es gibt Stunden während des Tages, in denen man sich intensiv mit dem Kind beschäftigt, und Stunden, in denen es einfach dabei ist. In der Spielzeit ist es sehr schön, das Kind einfach einmal zu beobachten. Was interessiert das Kind, wohin schaut es und was tut es? Manche Eltern tendieren dazu, zu schnell in das Spiel der Kinder einzugreifen. Sie reichen dem Baby z. B. ein Spielzeug, wenn es dieses gerade das erste Mal zu erreichen versucht. Während das Kind mit der Rassel beschäftigt ist, sprechen Sie mit dem Kind. Sie geben ihm womöglich noch eine andere Rassel dazu. Oder Sie zeigen auf Gegenstände und Situationen, wo es auch hinschauen soll: „Schau mal, da ist ein Spielzeugauto!". Durch diese Störungen wird das Kind ständig vom eigenen Entdecken abgelenkt. Die Muße, die Umgebung unverfälscht und in Ruhe auf sich wirken zu lassen, wird dadurch verkürzt. Es gewöhnt sich daran, dass es alles ganz schnell und einfach von uns bekommt, zum Beispiel die verlockende Rassel oder eine gewünschte Stellungsänderung. Man nimmt dem Kind auch die „Arbeit“ ab, indem man ihm alles griffbereit vor die Augen hinlegt. Dies sollte man jedoch vermeiden und dem Kind die Zeit lassen, Dinge selbst zu entdecken. Dadurch fördert man die Konzentration des Kindes und den Willen, aus eigener Anstrengung etwas zu bekommen. Um die Ausdauer und die Konzentration des Kindes zu fördern, können Sie es im Selbst-Entdecken unterstützen. Die Rassel, die etwas weiter weg ist, kann es im Alter von einigen Monaten selbst erreichen.

So lernt es, dass es durch eigene Anstrengung und Kraft etwas erreichen und sich selbst Erfolgserlebnisse verschaffen kann. Ist es noch nicht in der Lage, sich selbst fortzubewegen, reicht erst einmal eine Rassel als Spielzeug. Wenn diese uninteressant wird, können Sie etwas Neues geben oder auch mit dem Baby sprechen. Vermeiden Sie durch das stetige Herantragen von neuen Spielsachen und durch permanente Hilfe Ihrerseits die Förderung eines bequemen Verhaltens sowie einer niedrigen Frustrationstoleranz. Bevor Sie eingreifen, warten Sie lieber noch etwas ab und beobachten Sie, was das Kind aus der Situation macht. Kann das Kind das Problem oder die Situation selbst lösen, freut es sich darüber. Falls es sichtlich unzufrieden ist und zu weinen beginnt, kann man ihm den Gegenstand geben oder die Stellung verändern, damit es das gewünschte Spielzeug besser erreichen kann. Spielt Ihr ein- oder zweijähriges Kind im Sandkasten, können Sie es unterstützen, indem Sie beim Kind sitzen und zuschauen, was es tut. Sie leisten ihm sozusagen Gesellschaft. Greifen Sie so wenig wie möglich ins Spielgeschehen ein. Braucht es Ihre Hilfe, wird es sich melden.

Sich nicht zu viel einzumischen, bedeutet nicht, dass man das Kind fortan völlig allein oder gar völlig unbeaufsichtigt spielen lassen soll, sondern, dass Sie ihm weiterhin Gesellschaft leisten, es jedoch frei spielen lassen. Manchmal ist das passive Zuschauen für Sie etwas langweilig. In diesem Fall gibt es vielleicht andere Mütter oder Väter auf dem Spielplatz, mit denen Sie sich unterhalten können, oder Sie lesen etwas.

Bei Fragen des Kindes sind wir aber für das Kind so jederzeit verfügbar. Meist ist die Art des Umgangs beim Spiel von Mutter und Vater unterschiedlich und gerade deshalb für das Kind bereichernd. Der Vater zeigt, wie man eine Sandburg baut, und gibt dem Kind klare Anweisungen, was es machen soll. Die Mutter schaut dem Kind beim Spielen zu und lässt das Kind selbst ausprobieren. Dadurch ergibt sich dann eine gute Mischung aus Zuschauen, Zuhören, Helfen und Selbstausprobieren ohne fremde Hilfe. Kinder haben eine große Fantasie. Oft genügt es ihnen schon, Sand auf den Sandkastenrand zu legen und es wieder wegzuwischen. Auch wenn sie dies zwanzig Mal machen möchten, lassen Sie den Kindern diesen Spaß. Auch wenn die Handlungen – respektive die Art des Spiels – uns als Erwachsene trivial erscheinen mögen, sollten wir sie dies tun lassen. Bleibt ein Kind bei der Sache, ist dies schon ein gutes Zeichen dafür, dass es sich auf etwas konzentrieren kann. Wenn wir es aber mit unseren Spielideen ständig „unterstützen“ und „fördern“ wollen und es bei seinem Spiel unterbrechen, wird verhindert, dass es konzentriert an etwas dranbleiben kann.

Lassen wir es aber spielen und selbst entdecken, kann es sich sehr lange mit kleinen Dingen beschäftigen. Selbstständig spielen zu können, heißt in den ersten Jahren nicht unbedingt, dass das Kind ohne die Nähe der Eltern spielen kann, aber es heißt sehr wohl, sich konzentriert und motiviert mit Gegenständen und der Umwelt auseinanderzusetzen, ohne das aktive Zutun der Bezugsperson. Mit der Zeit wird das Kind immer unabhängiger und kann selbstständig spielen, ohne die direkte Nähe einer Bezugsperson haben zu müssen. Ist Ihr Kind bereits älter und kann trotzdem nicht allein spielen und ist ihm oft langweilig, können Sie wie folgt vorgehen: Sie sind beim Kind, geben ihm aber nur wenige eigene Ideen und Vorschläge. Es soll diese möglichst selbst entwickeln. Loben Sie es, wenn es etwas allein gemacht hat. Fragt Ihr Kind, wie es etwas machen soll, können Sie die Frage auch zurückgeben: „Hm, was meinst du, wie man das machen könnte? Hast du eine Idee?". Sehr gut eignen sich diverse Küchenaktivitäten, wie das Schälen von Karotten, Gurken und Kartoffeln oder das Helfen beim Ausräumen der Geschirrspülmaschine. Auch das Tischdecken ist eine gute Aufgabe, die das Kind – je nach Alter – schon mehr oder weniger selbstständig ausführen kann. So hat das Kind eine Beschäftigung und es kann etwas allein tun. Es hilft mit und wird gebraucht, was auch das Selbstwertgefühl steigert. Bevor Sie mit Ihrem Kind sprechen oder gleich mit einer tollen Spielidee daherkommen, beobachten Sie Ihr Kind und warten Sie ab, wie das Kind auf diese Vorschläge reagiert. Kinder, die laufend tolle Ideen serviert bekommen, tendieren eher dazu, sich zu langweilen, wenn sie allein sind.

6. Körperliche Entwicklung zwischen zwei und sechs Jahren

Aus Ihrem süßen Baby hat sich ein kleines Menschenkind entwickelt, das laufen, klettern, springen und hüpfen kann. Es spricht und versteht ständig neue Wörter, besitzt Vorstellungsvermögen und Kreativität, die es in allen möglichen Situationen einsetzt. Im Alter von zwei bis drei Jahren erlebt Ihr Kind, dass es viele Arten von Bewegung gibt, die es selbst auch nutzen kann. Es kann auf den Zehenspitzen stehen und laufen, auf einem Bein stehen und das Gleichgewicht halten sowie auf eine kleine Leiter klettern. Es werden problemlos Türen geöffnet, eine Treppe hinaufgestiegen und z. B. die Deckel von Dosen geöffnet. Selbst das An- und Ausziehen gelingt deutlich besser. Die Entwicklung der

Motorik in den ersten Lebensjahren ist wichtig für die Zukunft Ihres Kindes. Besonders wichtig ist dabei die Beweglichkeit, der richtige Einsatz von Armen und Beinen, das Gleichgewicht halten zu können, die Schwerkraft zu verstehen sowie das Erforschen, Austesten und Erfassen der Umgebung. Die kindliche Motorik ist der Schlüssel zur körperlichen und geistigen Entwicklung. Damit sich der Organismus, die Sinne und die Muskulatur optimal ausbilden, brauchen die Kleinkinder Impulse, die durch Bewegung bereitgestellt werden.
Neben der Entwicklung der motorischen Fähigkeiten verändert sich auch der Körper. Das süße, pummelige Baby verliert Babyspeck und erhält einen feingliedrigen Körperbau. Es entsteht langsam ein ausgewogenes Verhältnis zwischen Kopf und Körper. Im Vergleich zum Babyalter verändert sich der Kopfumfang nur noch um wenige Zentimeter. Da die Arme und Beine schnell wachsen, gleichen sich die Körperproportionen an. Der Körperschwerpunkt verschiebt sich nach unten, sodass es leichter fällt, das Gleichgewicht zu halten.

Hat Ihr Kind das vierte Lebensjahr erreicht, startet die anlagenbedingte Entwicklung in Bezug auf den Körperbau und die Konstitution. Dazu gehören Körperkraft, Gesundheit, Belastbarkeit und Temperament. Es entstehen kräftigere Knochen und die Muskulatur wird stärker, wenn genügend Gelegenheit geboten wird, altersgemäß herumzutoben, sich zu bewegen und sich auszupowern. In der körperlichen Entwicklung gibt es im fünften Lebensjahr einen gewaltigen Sprung. Bewegung, Sprache und Verhalten wandeln sich. Das Kleinkindhafte verschwindet völlig. Nachdem aller Babyspeck verschwunden ist, zeigen sich ausgeprägte Gesichtszüge, die schon richtig erwachsen wirken. Bald gibt es dann die ersten Zahnlücken, die dem Äußeren Ihres Kindes das Aussehen eines Schulkindes verleihen. Auch die körperliche Belastbarkeit nimmt zu. Lunge und Herz sind gewachsen, sodass beide Organe eine höhere Leistungsfähigkeit haben. Dies ist wichtig für ein gut funktionierendes Herz-Kreislauf-System. Die Muskelkraft ist genau im richtigen Verhältnis auf den kleinen Körper abgestimmt und schon genauso wie bei Ihnen ausgeprägt. Mit viel Bewegung fördern Sie nicht nur die Gelenkigkeit, sondern auch die Muskeln wachsen durch die Belastung, und gleichzeitig lernen die Kleinen, ihren Körper zu beherrschen. Zu viel Bewegung gibt es für Kinder nicht. Vor einer Überforderung schützen sich die Kleinen instinktiv selbst und wehren sich sogar gegen eine Überbelastung. Durch den großen Bewegungsdrang, den Kinder eigentlich von Natur aus haben, werden sie sich viel draußen aufhalten, wo sie sich richtig austoben können.

7. Schutz vor Gefahren und wie das Kind daraus lernt
Einerseits gibt es die sehr beschützende Haltung von Eltern. Das heißt, ein Kind muss in den Augen der Eltern auf jeden Fall vor allen möglichen Gefahren geschützt werden und es wird sofort eingegriffen, wenn die Mutter oder der Vater das Gefühl hat, etwas sei für das Kind zu schwierig oder zu gefährlich. Andererseits gibt es die Haltung, die Verantwortung für das eigene Handeln des Kindes an das Kind abzugeben. Bereits im Babyalter kann man damit beginnen, dem Kind Vertrauen zu schenken und es dahin zu führen, seinen eigenen Körper kennen und einschätzen zu lernen. Zu dieser Lernerfahrung gehört auch, einmal hinzufallen oder sich sonst leicht weh zu tun. Das Kind merkt dann selbst, dass es vielleicht zu viel riskiert hat, und ist beim nächsten Mal vorsichtiger. Der Unterschied zur beschützenden Haltung ist der, dass das Kind in diesem Fall von sich aus merkt, dass etwas zu schwierig ist. Es passt dann sein Handeln seinem Können selbst an.

Bei der beschützenden Haltung bekommt es von außen gesagt, was möglich ist und was zu schwierig ist. Dem Kind ist dadurch jedoch häufig nicht klar, weshalb etwas zu schwierig ist, da es dies nicht selbst erfahren hat. Sie können einem Kind wohl sagen, „Du darfst das nicht berühren, das ist zu heiß!", hat es jedoch in seinem Leben noch nie etwas Warmes oder Heißes berührt, weiß es auch nicht, was heiß wirklich bedeutet und welche Konsequenzen es hat, wenn man etwas zu Heißes anfasst. Es gibt durchaus Situationen, welche Kinder nicht selbst einschätzen können. Dies kann zum Beispiel der Straßenverkehr sein. Auf der Straße sollte man mit dem Kind zusammen auf den Verkehr achten und es auch davon abhalten, einfach davonzulaufen. Dies wäre ein falscher Ort, um mit dem Vertrauen aufs „eigene Können" zu starten. Das Kind muss auf jeden Fall davor geschützt werden, durch Fehleinschätzungen in eine gefährliche Situation zu geraten. Das Gleiche gilt auch für das Fahrradfahren oder für das Fahren mit einem anderen Fortbewegungsmittel. In solchen Situationen ist es für das Kind nicht möglich, immer einschätzen zu können, was gefährlich ist und was nicht, da es durch das Gefährt ein höheres Tempo erhält, als wenn es einfach nur schnell läuft.

Mit dem Wissen, dass das Kind fähig ist, einen Teil der Verantwortung zu übernehmen, ist man als Elternteil entspannter, da man Vertrauen in das Kind und in seine Achtsamkeit hat. Ein Kind, das sich viel bewegt und seine Fähigkeiten ausprobieren kann, macht viele Erfahrungen mit den Grenzen seiner körperlichen, motorischen und mentalen Leistungsfähigkeit und bringt sich dadurch wesentlich weniger oft in Gefahrensituationen als Kinder, welchen diese Erfahrungen vorenthalten bleiben. Im Gegensatz dazu führen viele Einschränkungen dazu, dass die Erfahrungen vom Kind trotz Verbot – vielleicht bei der ersten Gelegenheit hinter dem Rücken der Eltern – ausprobiert werden. Also nichts wie raus mit den Kindern und bewegen und erleben lassen!

Möchte das Kind etwas Waghalsiges ausprobieren, zum Beispiel von einer Mauer springen, und Sie meinen, es sei vielleicht noch etwas zu schwierig, können Sie ihm auch die Entscheidung und die Verantwortung abgeben, indem Sie ihm sagen, dass es selbst aufpassen muss. Bei einem Dreijährigen können Sie sagen, „Wenn du meinst, du

schaffst das, dann kannst du es versuchen". Es darf auch einmal hinfallen und merken, dass dies jetzt etwas zu schwierig war.
Da das Kind in den ersten Lebensmonaten und -jahren nicht so mobil ist und noch vieles lernen muss, braucht es unsere Hilfe und unser Beisein. Die enge Betreuung und die Hilfestellungen nehmen mit den Jahren immer mehr ab und das Kind wird immer selbstständiger. In den ersten zwei bis drei Jahren ist es jedoch notwendig, auf Wunsch des Kindes – und wenn es einem möglich ist – zum Kind hinzugehen und ihm die gewünschte Hilfestellung zu leisten. Es gibt aber auch viele Situationen, deren Schwierigkeiten und Gefahren ein Kind selbst einschätzen lernen kann.

Übernehmen Sie jedoch diese Aufgabe, gewöhnt sich das Kind daran und lernt, dass die „Großen" die Gefahren für es aus der Welt schaffen und dass es allzeit geschützt wird. Bei richtigen Gefahren ist das ja auch sinnvoll und Ihre Aufgabe. Versuchen Sie, ein Kind aber vor allem zu schützen, wird das Kind versuchen, seine Grenzerfahrungen dann zu machen, wenn Sie vielleicht einmal nicht dabei sind. Oft suchen die Kinder genau dann diese Gefahrensituationen, vor welchen Sie sie eigentlich hätten beschützen wollen. Andererseits wird es Mühe haben, seine Eigenständigkeit und seine Grenzen richtig einzuschätzen und gefährliche Situationen als solche zu erkennen beziehungsweise richtig einstufen zu können. Konnte das Kind aber schon diverse „gefährliche" Dinge unter Ihrer Aufsicht ausprobieren, wird es nicht mehr ein so starkes Bedürfnis danach haben und es wird auch ohne Beaufsichtigung besser einschätzen können, was es kann und was es besser bleiben lassen sollte.

8. Böse Falle: Wenn-dann
"Wenn du nicht dein Zimmer aufräumst, dann werfe ich deine Spielsachen in den Müll!".

Das kennen Sie bestimmt auch, haben es schon einmal im Affekt angewendet oder es als Kind selbst zu hören bekommen.
Ihre Kinder werden zwar die gewünschten Handlungen ausführen, aber das "Warum?" wird ihnen trotzdem verborgen bleiben. Es wird eine Angst in den kleinen Menschen erzeugt, die keinen Erkenntnisgewinn mit sich bringt. Die angedrohten Konsequenzen gibt es meistens nicht. Dies führt dann dazu, dass Ihre Kinder die ausgesprochenen Drohungen in Zukunft nicht mehr ernst nehmen, die Eltern als Lügner sehen und gar nicht mehr auf ihre Drohungen reagieren – was Sie als Eltern wiederum dazu verleitet, immer stärkere Drohungen auszusprechen. Sie sitzen dann nicht nur sprichwörtlich in einer Falle.

Vermeiden können Sie dies, wenn Sie einige der folgenden Punkte versuchen, umzusetzen:

- Lösen Sie einfach das Problem, ohne Drama
- Bieten Sie Ihrem Kind immer Hilfe an
- Nachgeben ist keine Schwäche, auch Ihr Kind kann sich einmal durchsetzen
- Versuchen Sie, einen Kompromiss zu finden
- Sagen Sie klar, was Sie erwarten
- Bleiben Sie stets positiv
- Lassen Sie dem Fehlverhalten natürliche Konsequenzen folgen, keine konstruierten, die nichts mit der ursprünglichen Verfehlung zu tun haben
- Bleiben Sie immer ruhig und freundlich
- Vermeiden Sie Drohungen
- Sie und Ihr Partner sind stets ein Vorbild
- Begründen Sie immer, warum Sie etwas von Ihrem Kind möchten
- Lassen Sie Ihrem Kind Entscheidungsfreiraum und mischen Sie sich nicht bei jeder Kleinigkeit ein
- Formulieren Sie stets positiv und in persönlicher Sprache

- Begreifen Sie Ihr Kind als eigenständige Persönlichkeit
- Geben Sie auch eigene Fehler zu und entschuldigen Sie sich gegebenenfalls

9. Essen

Das Essen ist mehr als nur schlichte Nahrungsaufnahme. Es ist für die Familienmitglieder eine gute Gelegenheit, gemeinsam Zeit zu verbringen, miteinander zu sprechen und gemeinsam Spaß zu haben. Wird eine solche Tischkultur in einer Familie gepflegt, sinkt automatisch die Konzentration der Eltern darauf, was ihr Kind nun alles gegessen oder eben nicht gegessen hat. Für Kinder ist dies mit weniger Stress beim Essen verbunden, da sie so das Essen nicht nur als Nahrungsaufnahme kennenlernen, sondern auch als gemeinsamen Genuss und als interessanten Moment, um sich in der Familie und unter Freunden auszutauschen. Erlebt Ihr Kind die Nahrungsaufnahme stattdessen als Stress und Müssen, kommt es sehr schnell in eine Verweigerungshaltung. Es weiß, dass es vielleicht bestimmte Nahrungsmittel essen muss, welche es nicht mag, und dass es sitzen bleiben und sich benehmen soll und dabei auch noch unter permanenter Beobachtung der Eltern steht. Da dies keinen Spaß macht, beginnt es, das Essen vielleicht sogar zu meiden oder sehr spezielle Essenswünsche zu äußern.

10. Essen als soziales Miteinander

In diesem Zusammenhang ist es manchmal verwunderlich, zu sehen, wie Eltern mit zwei- oder dreijährigen Kindern – welche, bevor sie Kinder hatten, noch einen ausgeprägten Sinn für den sozialen Teil des Essens hatten – nach ihrem ersten Kind permanent nur noch Augen und Ohren für die Nahrungsaufnahme und das Benehmen ihres Kindes haben und dabei selbst eingeladenen Gästen keine Aufmerksamkeit mehr schenken können. Unter Umständen liegt das daran, dass diese Eltern ihre

Aufmerksamkeit der Nahrungsaufnahme des Kindes immer noch genauso widmen, als wäre es noch ein Baby und es müsste noch gefüttert werden. Oft haben es solche Eltern verpasst, sich an das Essverhalten und an das Alter des Kindes anzupassen. Dies kann zu einem gestörten Essverhalten führen, welches sich durch ständiges Quengeln, durch die Verweigerung des Essens oder durch anderes auffälliges Verhalten äußern kann. Darf Ihr Kind gemeinsam mit Ihnen, Geschwistern und Freunden essen und dabei selbst bestimmen, was es von seinem Teller alles essen mag, erlebt es die Essenssituation als angenehm und interessant.

11. Essensrituale

Für Ihr Kind ist es schön, Essen mit einem Ritual zu beginnen. Sie können sich zum Beispiel an den Händen nehmen und sich einen guten Appetit wünschen. Mit diesem Ritual wird klar, dass gewartet wird, bis alle sitzen, somit können alle gemeinsam mit dem Essen beginnen. Das verhindert, dass Ihr Kind schon fertig gegessen hat, bevor Sie sich haben setzen können. Weiterhin wird es dem Kind dadurch weniger schnell langweilig, da es auf das „Ritual" wartet. Zudem fördert es das familiäre Gemeinschaftsgefühl.

12. Muss ein Kind aufessen?

Durch das Angebot des Essens auf dem Teller Ihres Kindes können Sie bestimmen, was es für Ihr Kind zu essen gibt. Besser noch, Sie helfen Ihrem Kind, sich die Mahlzeit selbst auf den Teller zu füllen. Bestehen Sie nicht darauf, dass es seinen Teller leer zu essen hat, denn sonst rauben Sie Ihrem Kind die Erfahrung, selbst ein Gefühl dafür zu entwickeln, wann es satt ist. Werden die Kinder zum Aufessen gezwungen, versuchen sie, dem Wunsch ihrer Eltern gerecht zu werden. Bis das Kind erwachsen ist, wird es dann jedes Gefühl dafür verloren haben, wann es satt ist. Dass ein verlorenes Sättigungsgefühl schlussendlich zu

Übergewicht und allen damit verbundenen Unannehmlichkeiten führen kann, ist allgemein bekannt. Manchmal mag Ihr Kind nur Fleisch essen, manchmal isst es fast nur die Karotten. Ein Kind, das ausgewogen ernährt wird, merkt häufig selbst, was es gerade braucht. Durch dieses Vorgehen wird gefördert, dass Ihr Kind selbst lernt, wann es genug gegessen hat und wann nicht. Manchmal isst es wie ein „Spatz“ und manchmal wie ein „Schwerarbeiter“. Das ist völlig normal. Vielleicht hat es gerade einen Wachstumsschub und braucht mehr Kalorien oder es hat eine Magenverstimmung und isst gar nichts. Häufig ist es – zum Beispiel im letzteren Fall – auch einmal in Ordnung, wenn Ihr Kind nichts isst. Solange das Kind genug Flüssigkeit zu sich nimmt, besteht durch das Auslassen einer Mahlzeit nicht immer gleich ein Grund, sich Sorgen zu machen.

13. Werte vermitteln

Es gehört zur sozialen Grundausstattung, dass Kinder von klein auf lernen, dass nicht immer alles nach ihrer Pfeife gehen kann. Es gibt noch andere Menschen, die auch ihren Wert und ihre Umgangsregeln besitzen, dazu gehören Werte wie Grüßen, Bitten und Danken. Wer von klein auf erlebt hat, dass diese Zuhause vorgelebt werden, kann das spätestens als Schulkind von allein. Als Erwachsene sollten wir selbst das Gewünschte tun und Vorbild sein. Doch wie sieht es da in unserem Alltag aus? Beobachten wir doch einmal, wie wir den Tag mit dem Kind beginnen. Wie begrüßen wir es am Morgen? Wenden wir uns ihm völlig aufmerksam und liebevoll zu, mit einem Blick in die Augen, oder eher nicht? Und wie ist es, wenn wir es von der Kita abholen? Oder wenn es nach Hause kommt? Begrüßen wir es überhaupt richtig, zeigen wir da Empathie oder gibt es nur ein flüchtiges Hallo? Wie begrüßen wir den Partner, wenn er heimkehrt? Nebenbei? Oder schenken wir ihm Momente wirklicher Aufmerksamkeit, mit herzlicher Berührung und mit Augenkontakt? Kinder schauen das ab. Deswegen sollte man als Vorbild selbst herzlich und liebevoll den anderen begrüßen – das eigene Kind,

jeden, der nach Hause kommt, die Nachbarn und den Besuch. Gehen Sie mit dem Kind an der Hand zur Tür und sagen Sie „Jetzt kommt der Opa, den begrüßen wir jetzt".
Das ist Anleitung und alle gewinnen dabei. Grüßen zu können heißt, Wertschätzung zu zeigen. Unsere Kinder dazu anzuleiten, das ist unsere Aufgabe. „Bitte" und „Danke" zu sagen, lernen Kinder ebenfalls durch Vorbilder. Im Alltag gibt es ständig Gelegenheiten dazu: „Gibst du mir bitte den Becher? Danke!", „Holst du bitte deine Schuhe? Danke!". Das verstehen Kinder bereits mit eineinhalb Jahren. Und schauen wir nur genau hin, bemerken wir, welche Freude sie haben, das Erbetene zu tun und dann wieder das „Danke" zu hören. Dieses Verhalten immer wieder vorzumachen, das ist Anleiten zum Selbsttun. Dadurch verinnerlicht das Kind es und kann es eines Tages selbst. Wer „Danke" sagen kann, ist achtsam gegenüber anderen. Danken können – damit verbindet sich auch eine Grundhaltung zum Leben: Es ist nicht alles selbstverständlich.

Eine der wichtigsten Umgangsregeln ist, einen Fehler, der eben passiert ist, einzugestehen und sich dafür zu entschuldigen. Diese Fähigkeit kriegt keiner in die Wiege gelegt. Kinder lernen das nur durch Vorbilder. Wie das? Indem wir selbst Fehler machen. Das tun wir ja ohnehin. So ist doch der Alltag. Keiner ist perfekt. Und gerade da gibt es etwas zu lernen. Werte werden am Verhalten der Eltern gelernt. Dazu gehört es, selbst ehrlich zu sein und dazu gehört auch, ein Versprechen einzuhalten.

Kindergarten/ Kindertagesstätte

Bisher haben Sie die verschiedenen Entwicklungsschritte mit Ihrem Kind gemeinsam erlebt und durchlaufen. Viele Dinge, die die Kleinen bis zu einem Alter von drei Jahren können, haben Sie Ihrem Kind beigebracht, und Sie haben es in den verschiedenen Entwicklungsphasen unterstützt. Doch ab einem gewissen Alter brauchen Kinder neue Herausforderungen, und zwar außerhalb der

Familie und des engen Kreises von Freunden und Bekannten. Denn das weitere Leben zeigt sich in anderen Facetten, die in den behüteten Jahren Zuhause oftmals fehlen. Die kindliche Entwicklung erhält durch den Besuch eines Kindergartens oder einer Kindertagesstätte eine bis jetzt unbekannte Richtung, die Ihrem Kind viele Dinge für das weitere Leben mit auf den Weg geben wird.

Außerhalb des behüteten, eng begrenzten Familienumfelds lernt Ihr Kind neue Situationen kennen, auf die es sich jetzt einstellen muss. Das Kinderzimmer wird mit dem Gruppenraum im Kindergarten getauscht, wo meist noch 15 bis 20 weitere Kinder spielen. Ihr Sprössling lernt, sich in eine Gruppe zu integrieren sowie Konflikte und Streitereien auszuhalten und zu lösen. Die Erzieherinnen und Erzieher halten sich vielfach aus den Konflikten heraus. Dabei erfolgt die Entwicklung des Gefühls für die Interaktion mit anderen Kindern. Sie ist eine wichtige Grundlage für das soziale Leben. Kindergärten oder Kindertagesstätten sind eine tolle Ergänzung zum bisher kennengelernten Leben in der Familie und sie stärken auch die interkulturelle und emotionale Entwicklung.

In Kindergärten und Kindertagesstätten sind die Gruppen vielfach altersgemischt. Dadurch entstehen unterschiedliche Bedürfnisse in Bezug auf die Fähigkeiten und Begabungen. Auch verschiedene Religionen, Kulturen und die unterschiedliche Herkunft können kennengelernt werden. Sie stellen tolle Impulse zum Lernen dar und erweitern das Wissen, die Fertigkeiten sowie die soziale Kompetenz von Ihren Kindern. All diese Dinge führen zu einem guten, positiven Gefühl beim Nachwuchs.
Durch die pädagogische Betreuung im Kindergarten ist sichergestellt, dass wichtige Bereiche wie Sprache, Bewegung, Empathie, Emotionen, Denken, Koordination und Wahrnehmung auf spielerische Weise bei Ihrem Kind ausgebaut und weiterentwickelt werden. Mit

unterschiedlichen Impulsen, pädagogischen Materialien, Spielen und Bilderbüchern wirken die ausgebildeten Fachkräfte im Kindergarten auf das Spiel- und Lernverhalten ein. Es werden Exkursionen in den Wald, Tierpark oder zu einem nahegelegenen Bauernhof unternommen. Eine solche qualifizierte Förderung ist eine wichtige Grundlage für die Schule, sie stärkt die Konzentrationsfähigkeit und hat Einfluss auf das spätere Lernverhalten.

Die Entscheidung für den richtigen Kindergarten fällt nicht immer leicht, da es viele verschiedene Konzepte gibt. Bei der Wahl einer solchen Einrichtung geht es nicht nur um die Betreuung des Nachwuchses. Wichtig ist auch das Konzept, das der Kindergarten für das Vermitteln von Bildung, Fähigkeiten und Fertigkeiten verwendet. Die Kombination aus Lernen und Erziehung sollte zu Ihren persönlichen Vorstellungen und zur Persönlichkeit Ihres Kindes passen.

Zusätzlich zu den unter „Alternative Erziehungsstile" genannten Pädagogikansätzen, die in einigen Kindergärten praktiziert werden, gibt es auch noch einen Wald- und einen Bewegungskindergarten.
Ein Waldkindergarten ist sehr naturbezogen. Bei Wind und Wetter sind die Kleinen mit Gummistiefeln, wetterfester Kleidung und Rucksäcken ausgestattet im Wald unterwegs, lernen die Natur kennen und erfahren, respektvoll mir dieser umzugehen. Ein Bauwagen oder eine Hütte dient als Unterschlupf, wenn das Wetter doch einmal zu schlecht ist. Es gibt kaum konventionelles Spielzeug, da der Wald genug Moos, Blätter, Bäume, Äste, Stöcke, Käfer und Matsch bietet, um ausgiebig zu lernen und zu spielen. Das Konzept der Waldkindergärten ist dem der Regelkindergärten sehr ähnlich. Doch durch die Nähe zur Natur gestaltet sich der Kindergartenalltag etwas andersartig.
Oft werden Waldkindergärten von Initiativen geleitet, die die aktive Mitarbeit der Eltern benötigen.

In einem Bewegungskindergarten wird der mangelnden Bewegung von Kindern entgegengewirkt. Das Konzept beruht auf dem natürlichen Bewegungsdrang von Kindern, den sie in einem solchen Kindergarten ausleben können. Es gibt viele Möglichkeiten und Anreize, die nicht nur Denken, Fühlen und Wahrnehmen, sondern speziell auch körperliche Aktivität umfassen. Dafür gibt es Klettergerüste, Schaukeln, Seile, Taue, Sandsäcke, Bälle, Tücher, Ringe und Musikanlagen. Gefördert wird der Gleichgewichtssinn, die Koordination, die räumliche Orientierung und die Reaktionsfähigkeit.

Darüber hinaus gibt es aber auch Kindergärten, die mehrere Konzepte miteinander vereinen oder eine spezielle religiöse Prägung haben.

Erziehung durch verschiedene Medien

Da unsere Kinder schon im frühen Kindesalter in Kontakt mit den verschiedenen Medien kommen, werden diese auch recht schnell mit großer Selbstverständlichkeit bedient. Führen Sie deshalb von Anfang an klare Regeln ein, wie die verschiedenen Medienformen genutzt werden dürfen. Sie sollten darauf achten, dass Ihr Kind sich nicht ausschließlich mit digitalen Medien beschäftigt.

Kinder von 0-3 Jahren sollten am besten keine digitalen Medien konsumieren. In diesem Alter sind die Spiegelneuronen noch sehr aktiv. Bei Spiegelneuronen handelt es sich um Nervenzellen im Gehirn, die den Menschen zum mitfühlenden Wesen machen. Das Kleinkind erlebt das, was es sieht, so, als würde es ihm selbst geschehen. Die Mutter lacht und das Kind lacht zurück. Wenn das kleine Kind also eine Szene in einem Film sieht, wird es die Gefühle auf sich übertragen. Für uns Erwachsene ist es sehr harmlos, wenn zum Beispiel der Wolf mit einer Schere auf Shaun das Schaf zugeht, um ihm die Wolle abzuschneiden. Für Ihr Kleinkind ist das aber, wie für Shaun, Stress pur.

3- bis 6-jährige Kinder brauchen Sie noch als Begleitung während der digitalen Medienzeit. Sie erkennen in diesem Alter nicht, dass es sich nur um Fiktion handelt. Weil es zu sehen ist, handelt es sich in ihren Augen um die Wahrheit. Es ist sinnvoll, eine halbe Stunde täglich nicht zu überschreiten.

7- bis 10-jährige Kinder sollten nicht mehr als eine Stunde am Tag mit digitalen Medien verbringen. Sie können in dem Alter zwar schon etwas unterscheiden, ob es real oder erfunden ist, trotzdem nehmen sie sich vieles, was in den Medien gezeigt wird, als Vorbild oder schnappen Ideen auf. Deswegen ist es auch da gut, dabei zu sein.

Das sind nur Richtwerte. Jedes Kind ist anders. Sie müssen Ihr Kind beobachten und herausfinden, wie es sich nach dem Konsum verhält. Wenn es aggressiv, teilnahmslos oder gelangweilt ist, sollten Sie die Nutzungsdauer verkürzen. Denken Sie bitte daran, dass Sie Ihrem Kind gegenüber eine Vorbildfunktion haben. Schränken Sie, wenn möglich, Ihren Medienkonsum ein, wenn Ihr Kind sich in Ihrer unmittelbaren Umgebung befindet.

Falls Sie versuchen sollten, Ihr Kind radikal von digitalen Medien abzuschirmen, wird Ihnen das leider nicht gelingen. Denn Dinge, die Sie Ihrem Kind verbieten, werden dadurch noch interessanter. Vermitteln Sie Ihrem Kind deshalb lieber den richtigen und sicheren Umgang mit verschiedenen Medien. Weisen Sie Ihr Kind auf die verschiedenen Risiken hin und beaufsichtigen Sie die Mediennutzung.

Tipps für den sicheren Umgang mit Medien:
- Stellen Sie Ihre Geräte kindersicher ein. Das geht am TV, Computer sowie am Smartphone in den jeweiligen Einstellungen.
- Lassen Sie Ihr Kind vorzugsweise Apps, Spiele und Filme konsumieren, die speziell für Kinder entwickelt worden sind. Beachten Sie auch die FSK-Empfehlung.

BÜCHER

Für Kinder zwischen der Geburt und dem zweiten Lebensjahr sind Babybücher von großer Bedeutung. Diese können verwendet werden, um Abbildungen von vertrauten Gegenständen zu benennen und somit den bestehenden Wortschatz zu festigen. Die Bücher sind sehr ansprechend gestaltet, um das Interesse des Kindes zu wecken. Manche enthalten Knisterpapier, welches beim Umblättern raschelt, oder Fühlelemente, zum Beispiel Kunstwolle, wenn ein Schaf abgebildet ist. Des Weiteren sind die Farben und die bunte Aufmachung des Buches meist schon sehr ansprechend für Kinder.

Sie brauchen sich keine Sorgen über eventuelle Verletzungen zu machen. Die meisten Kinderbücher sind so hergestellt, dass die Bücher nicht kaputt gehen können. Zerreißen oder zerkauen ist unmöglich. Der überwiegende Teil der Bücher hat abgerundete Ecken und wurde aus BPA-freiem Material hergestellt.

Für zwei - bis dreijährige Kinder sollte man überwiegend Bilderbücher verwenden. In der Abteilung für Bilderbücher gibt es genügend Auswahl. Da finden Sie sicherlich das passende Bilderbuch, welches das Interesse Ihres Kindes trifft oder womit Sie sein Interesse anregen können.

Welche Arten von Bilderbüchern gibt es? Ich habe Ihnen eine kleine Auswahl zusammengefasst: Unter anderem gibt es Tierbilderbücher und Sachbilderbücher. Bei diesen werden die Neugierde und das Verlangen nach Wissen gestillt. Des Weiteren gibt es Märchenbilderbücher und religiöse Bilderbücher. Diese vermitteln Ihrem Kind, dass es neben dem religiösen Glauben, den Sie eventuell leben, noch weitere Glaubensrichtungen gibt. Außerdem gibt es auch für Kinder Fantasiebilderbücher, durch welche eben die Fantasie Ihres Kindes angeregt wird.

Ist Ihr Kind bereits zwischen sechs und zwölf Jahre alt, gibt es für sein Alter Bücher, die dem Entwicklungsstand Ihres Kindes angepasst sind. Der Inhalt wird Ihrem Kind somit altersgerecht vermittelt – das richtige Auswählen durch die Eltern vorausgesetzt. Der Inhalt des ausgewählten

Buches sollte das Interesse Ihres Kindes wecken und Ihr Kind sollte sich schon optisch von dem Buch angesprochen fühlen.

Schauen Sie sich vor dem Kauf das Buch unbedingt einmal an. Lassen Sie sich nicht nur von dem Cover überzeugen, auch der Inhalt muss ansprechend und dem Alter entsprechend dargestellt sein.

Achten Sie beim kurzen Durchstöbern des Buches auf kleine Details, wie etwa detailgetreue Abbildungen oder Zeichnungen. Schauen Sie auf ansprechende Farben, denn Farben regen zum Entdecken, Ansehen und Erforschen an.

Achten Sie auch darauf, dass Geschichten altersgerecht und verständlich geschrieben sind. Machen Sie dazu stichprobenartige Kontrollen, indem Sie immer einmal einen Abschnitt auf verschiedenen Seiten Probe lesen.

TV UND STREAMING

Wenn Sie selbst oft TV- und Streaming-Dienste nutzen, kommt Ihr Kind automatisch in den Genuss des TV-Konsums. Denn je mehr Sie selbst dieses Medium nutzen, desto mehr wirkt die Vorbildfunktion auf Ihr Kind und es gewöhnt sich daran, fernzusehen.

Reflektieren Sie einmal, warum Sie den TV einschalten oder warum Ihr Kind Sie danach fragt, ob es den TV oder Streaming-Dienste nutzen darf. Meist ist das Konsumieren des TVs nur eine Lösung für aufkommende Langeweile, welche vermieden werden soll. Unterbreiten Sie Ihrem Kind andere Lösungsmöglichkeiten zum Bewältigen der Langeweile.

Wenn Sie und Ihr Kind zu viel TV schauen, werden Sie antriebs- und motivationsloser sowie fauler im Alltag. Daraus resultiert Übergewicht, verbunden mit einem Konditionsminimum und mit Bewegungsträgheit. Vermeiden Sie unbedingt, dass Ihr Kind im Zimmer einen eigenen TV hat, denn so haben Sie den Konsum nicht mehr unter Kontrolle und unter Umständen schaut Ihr Kind auch nachts fern.

Wenn Ihr Kind vor oder nach dem Fernsehen noch lernen soll, muss eine Zeitspanne von mindestens 30 Minuten vor und nach dem Lernen liegen, ansonsten kann das Gelernte nicht in das Langzeitgedächtnis übergehen. Ihr Kind vergisst das eben Gelernte, da es durch die Sendung mit Reizen überflutet wird beziehungsweise wurde.

Wenn Sie Streaming-Dienste verwenden, erstellen Sie für Ihr Kind ein eigenes Kinderkonto. Ihr Kind hat dann nur Zugriff auf altersgerechte Filme, Serien und Sendungen. Zusätzlich können Sie als Eltern einsehen, wie lange, wie oft und wann Ihr Kind geschaut hat. Sie können auch in den Einstellungen einstellen, wie lange das Streaming-Portal für das jeweilige Konto laufen darf. So können Sie eine zeitliche Begrenzung festlegen, ohne mit Ihrem Kind lange und ausgiebige Diskussionen führen zu müssen.

Klare und festgelegte Regeln über Zeit, Tag und Nutzung sowie genau getroffene Absprachen können sehr viele Diskussionen ersparen, zum Beispiel über das leidige Thema, warum jetzt ausgemacht werden muss und nicht noch weiter geschaut werden darf. Erinnern Sie Ihr Kind immer wieder an die bestehenden Regeln und die damit verbundenen Konsequenzen bei Nichteinhaltung dieser Regeln.

SMARTPHONE UND TABLET

Wenn Ihr Kind Ihr Smartphone oder Ihr Tablet benutzen darf, so gehen Sie sicher, dass Sie einen Kindermodus aktiviert haben. Sie können auch von vornherein festlegen, wie lange das digitale Medium genutzt werden darf.

Achten Sie darauf, dass Ihr Kind nur Apps nutzt, die für Kinder vorgesehen sind. Sperren Sie zur Not alle anderen Apps, damit Ihr Kind nicht in Versuchung kommt oder seiner Neugierde verfallen kann.

Stellen Sie sicher, dass Ihr Kind während der Nutzung des Smartphones beziehungsweise des Tablets unter ständiger Beobachtung ist. Denn nur so können Sie kontrollieren, was Ihr Kind konsumiert und ob das auch altersgerecht ist.

Klären Sie Ihr Kind auf, welche Gefahren und Risiken im Zusammenhang mit der Nutzung des Smartphones beziehungsweise des Tablets bestehen, vor allem dann, wenn auf den jeweiligen Geräten eine aktive Internetverbindung besteht.

Setzen Sie Smartphone- beziehungsweise Tablet-freie Zeiten fest. Diese sollten dann sein, wenn gegessen wird, wenn Ihr Kind Hausaufgaben macht oder sonstige Dinge für die Schule erledigen muss. Vor allem 30 Minuten vor dem Schlafengehen sollte sich Ihr Kind nicht mehr mit dem Smartphone oder dem Tablet beschäftigen. So können die digitalen Reize und Eindrücke ausreichend verarbeitet werden. Ihr Kind kann sich etwas entspannen und herunterfahren, um später in Ruhe und nicht unter Strom einzuschlafen.

Bedenken Sie aber wieder Ihre Vorbildfunktion. Sieht Ihr Kind Sie den ganzen Tag an einem Smartphone oder Tablet hängen, möchte es das natürlich auch tun. Legen Sie häufiger einmal Ihr Smartphone oder Ihr Tablet zur Seite und genießen Sie die schönen und kostbaren Augenblicke mit Ihrem Kind.

Eine wichtige Frage, welche abschließend noch geklärt werden sollte, ist: „Wann richte ich meinem Kind einen eigenen Smartphone -Vertrag ein?". In unserer Familie wurde von vornherein festgelegt, dass es vor dem vollendeten zwölften Lebensjahr keinen eigenen Handyvertrag gibt. Man kann über Prepaid-Handykarten diskutieren, wenn das Kind einen längeren Schulweg hat, aber mehr geht bei uns definitiv nicht.

Diese Frage sollte aber jeder für sich selbst beantworten. Solange Sie und Ihr Partner sich einig sind, steht Ihrer Entscheidung nichts im Weg.

COMPUTER

Wenn man Kinder fragt, wofür es denn den Computer gibt, antworten Ihnen ca. 95 % aller Kinder: „Der ist dafür da, dass Mama und Papa damit arbeiten oder damit Spiele spielen". Zeigen Sie Ihrem Kind, wenn es dafür die nötige Reife besitzt, dass mit dem Computer noch andere Dinge erledigt werden können oder sogar erledigt werden müssen. Dazu gehören zum Beispiel das Schreiben von Briefen, das Beantworten von E-Mails, das Nachschlagen von Fachbegriffen sowie das Ansehen von Fotos oder Videos. Sobald Ihr Kind diese vielfältigen Einsatzmöglichkeiten verstanden hat, sieht es den Computer vielleicht mit anderen Augen.

Weil unsere Kinder mit der Nutzung des Computers aufwachsen, sollten wir ihnen die richtige Nutzungsweise vermitteln. Ebenso sollte, wie bei der Nutzung von Smartphone und Tablet auch, auf mögliche Risiken und Gefahren hingewiesen werden. Lassen Sie Ihr Kind besonders am Anfang nicht allein im Internet surfen. Dabei sollte berücksichtigt werden, dass nur altersgerechte Anwendungen ausgeführt und genutzt werden.

Kurz ein paar positive Aspekte zur Nutzung des Computers: Das Denkvermögen sowie das Tätigkeitsfeld werden erweitert, die Leistungsbereitschaft wird gefördert, das räumliche Denken wird geschult, verschiedene Konzentrationsübungen werden trainiert, die Kreativität wird weiter entwickelt, die Stressbelastung wird minimiert beziehungsweise es wird eine gewisse Stressresistenz entwickelt und die Motivation wird gefördert.

Jedoch gibt es bei der Nutzung des Computers auch negative Aspekte: Die Aggressivität steigt bei zu langer Nutzungsdauer an, es könnte sich eine Spielsucht entwickeln, unter Umständen können die schulischen Leistungen beeinträchtigt sowie die Emotionen vermindert werden.

Was Sie als Eltern beachten sollten: Lassen Sie Ihrem Kind nicht freie Hand in dem, was es spielt. Sprechen Sie über die Spiele, die Ihr Kind spielt, und spielen Sie unter Umständen ab und an einmal mit Ihrem Kind gemeinsam. Daran erkennen Sie am besten, ob das Spiel geeignet ist oder nicht.

INTERNET

Lassen Sie Ihr Kind nur aufseiten surfen, die dem Alter Ihres Kindes entsprechen. Grenzen Sie ein, auf welchen Seiten Ihr Kind surfen darf. Das können Sie mit verschiedenen Sperr-Apps machen. Diese müssen Sie sich nur installieren.

Setzten Sie auch in diesem Bereich auf klare Regeln und festgelegte Absprachen. Schalten Sie eventuell eine Abschaltsperre ein, welche sich nach der vereinbarten Zeit einschaltet und das Internet sowie das jeweilige Medium sperrt. Besprechen Sie auch eintretende Konsequenzen bei Nicht-Einhalten der Regeln und Absprachen.

Lassen Sie Ihr Kind nur im Internet surfen, wenn es unter Ihrer Aufsicht steht. So können Sie eventuell eingreifen, wenn etwas schief geht.

Denken Sie an Ihre Vorbildfunktion. Surfen Sie nicht ständig in Gegenwart Ihres Kindes im Internet, so kommt es damit nicht schon im frühen Kindesalter in Berührung.

Wenn Ihr Kind das Internet nutzt, sollte es nur seinen Interessen nachgehen. Kontrollieren Sie stichprobenartig, ob es das auch umsetzt. Auch hier gilt es, die Gefahren und Risiken zu erklären.

Verkehrserziehung

Unsere Kinder können die Gefahren und Risiken sowie die Zusammenhänge im Straßenverkehr noch nicht richtig einschätzen. Deshalb gilt es, frühzeitig mit der Erziehung im Straßenverkehr anzufangen. Beginnen Sie mit dem Festlegen klarer Regeln, an welche sich alle Familienmitglieder in der Öffentlichkeit zu halten haben.

Diese Regeln sind unwiderruflich festgelegt und nicht verhandelbar. Setzten Sie auf eine klare, kurze und deutliche Sprache, zum Beispiel ein lautes „Stopp" an einer roten Fußgänger-Ampel oder ein deutliches „Vorsicht", wenn das Kind droht, vom Fußgängerweg abzukommen.

Vermitteln Sie Ihrem Kind anfangs spielerisch, dass der Bordstein vom Fußgängerweg die Grenze ist. Ermahnen Sie Ihr Kind hin und wieder mit einfachen Sätzen wie, „Stopp, hier geht es nicht weiter" oder „Halt, pass bitte auf deine Grenze auf", wenn es dieser Grenze zu nah kommt.

Im Straßenverkehr soll Ihren Anweisungen mit sofortiger Wirkung Folge geleistet werden. Vermitteln Sie unbedingt Ihrem Kind, dass Diskutieren in solchen Situationen nicht geht, weil unter Umständen eine Gefahr besteht. Die Zusammenhänge versteht Ihr Kind jedoch erst in ein paar Jahren.

Die spontane Art unserer Kinder müssen wir unterbinden, jedoch nur im Straßenverkehr. Im restlichen Leben können wir Erwachsene uns von dieser Spontanität etwas abschauen. Sprechen Sie im Notfall auch hier in kurzen, verständlichen und deutlichen Sätzen, zum Beispiel „Halt, du hast keinen Grund, über die Straße zu laufen" oder „Stopp, erst schauen, dann laufen".

Vermeiden Sie, Ihrem Kind Angst zu machen, wenn es um den Straßenverkehr geht. Angst im Straßenverkehr wirkt sich verunsichernd auf Ihr Kind aus. Wenn Sie Ihrem Kind erklären, dass der Straßenverkehr gefährlich ist, nutzen Sie Sätze wie, „Schau bitte erst auf die Straße, ob ein Auto kommt, bevor du losläufst. Denn Aufmerksamkeit ist sehr wichtig" oder „Wenn du mir versicherst, dass du dich an die Regeln hältst, darfst du allein in die Schule gehen".

Handeln Sie energisch, wenn eine gefährliche Situation eintritt. Das bedeutet für die Verkehrserziehung, dass Sie Ihr Kind in gefährlichen Situationen fest, zum Beispiel an der Schulter oder am Handgelenk, anfassen sollen. Ihr Kind sollte gefährliche Situationen in Verbindung von taktilen und akustischen Signalen spüren, nur so kann es diese Situationen adäquat verknüpfen. Im späteren Verlauf sollte es ausreichen, wenn Sie Ihr Kind nur am Handgelenk nehmen und die Straße überqueren.

Schimpfen oder Zurechtweisungen sind kontraproduktiv und Sie erreichen höchstens das Gegenteil. Gehen Sie lieber liebevoll, verständnisvoll und erklärend auf Ihr Kind ein, wenn die Situation nicht mehr ernst ist. Denn Ihr Kind wird Ihre plötzliche Reaktion als unvorhersehbar ansehen und erst einmal geschockt stehen bleiben. Somit haben Sie für diesen Moment zwar kurz das erreicht, was Sie wollten, erklären Sie Ihrem Kind jedoch im Nachhinein die vorausgegangene Situation. Nur so kann es sein Fehlverhalten einschätzen und einordnen.

Erklären Sie Ihrem Kind, dass es nur den Gehweg nutzen darf und die Straße nur als Ausnahme zu benutzen ist. Lassen Sie Ihr Kind immer innen am Gehweg gehen und Sie selbst gehen außen. So müssen Sie nicht einmal irgendetwas sagen und Ihrem Kind wird trotzdem vermittelt, dass der Abstand zur Straße enorm wichtig ist. Ebenso sollten Sie Ihrem Kind vermitteln, dass es auf der Gehwegseite aus dem Auto steigen soll. Dabei sollte Ihr Kind aber unbedingt auf Fahrradfahrer achten.

Ihr Kind sollte auch auf dem Fußweg damit rechnen, dass Autos oder Fahrrad-Fahrer kommen könnten, natürlich nur bei Ausfahrten und an einem Parkplatz. Bei diesen sollte Ihr Kind kurz stehen bleiben und schauen, danach erst weitergehen. Sätze wie, „Stopp, schau, ob hier ein Auto herauskommt oder losfährt", unterstreichen Ihre Anweisung.

Besprechen Sie mit Ihrem Kind, dass es zum Überqueren der Straße ausschließlich Zebrastreifen, Fußgängerampeln oder Verkehrsinseln nutzt, auch wenn es dafür Umwege laufen muss.

Wenn Ihr Kind die Straße überqueren möchte, soll es am Bordsteinrand kurz anhalten und schauen, ob ein Auto oder ein anderes Verkehrsmittel kommt. Erst danach darf es die Straße zügig und ohne zu trödeln überqueren. Sätze wie, „Halt, bleib kurz stehen. Wir schauen, ob ein Auto kommt, erst dann gehen wir weiter", bekräftigen die Anweisungen, welche Sie Ihrem Kind vermitteln möchten.

Überqueren der Straße ohne Fußgängerampel, Zebrastreifen oder Verkehrsinsel? Dann erklären Sie Ihrem Kind, dass die Straße nur an einer in beide Seiten gut einsehbaren Stelle überquert werden darf. Es darf aber nicht zwischen parkenden Autos hervorlaufen, da es unter Umständen zu spät gesehen wird.

Verwenden Sie nicht unbedingt die Anweisung, erst nach links und dann nach rechts zu sehen. Ihr Kind kann erst mit vollendetem elftem Lebensjahr den Unterschied zwischen rechts und links sicher unterscheiden. Vermitteln Sie Ihrem Kind lieber, dass es nach beiden Seiten schauen und auch hören soll. Erst, wenn es dann keine Autos sieht oder hört, kann und darf es die Straße überqueren, aber, wie oben schon erwähnt, zügig und ohne zu trödeln.

Erklären Sie Ihrem Kind, dass, wenn es einen Zebrastreifen überqueren möchte, es Augenkontakt mit dem Fahrer des Autos aufnimmt und gegebenenfalls ein Handzeichen gibt, wenn es losläuft. So kann sich Ihr Kind sicher sein, dass der Autofahrer es gesehen hat und nicht losfährt.

Erklären Sie Ihrem Kind nicht nur die Farben an der Ampel, sondern verbinden Sie diese anschaulich. Ihr Kind kann bis zum vollendeten sechsten Lebensjahr nicht sicher die Farben unterscheiden. Verbinden Sie die Farbe deshalb mit dem jeweiligen Symbol, welches an der Ampel zu sehen ist, zum Beispiel „Das grüne laufende Männchen sagt dir, dass du gehen darfst und die Autos stehen bleiben. Bei dem roten stehenden Männchen ist es genau andersherum, da musst du stehen bleiben und die Autos dürfen fahren“.

Erklären Sie Ihrem Kind auch die Farben der Ampel, wenn Sie im Auto unterwegs sind, zum Beispiel „Siehst du, wir haben ein rotes Licht. Das bedeutet, dass wir stehen bleiben müssen. Die Fußgänger wiederum sehen ein grünes Licht und dürfen somit die Straße überqueren. Jetzt haben wir ein grünes Licht und dürfen losfahren und die Fußgänger müssen aufgrund des roten Lichtes, welches sie sehen, stehen bleiben“. Sensibilisieren Sie Ihr Kind jedoch dafür, dass eine grüne Ampel nicht sofort überquert werden darf. Ihr Kind soll sich trotzdem noch vergewissern, dass die Autos stehen bleiben. Erklären Sie Ihrem Kind, dass es auch Autos gibt, die bei einem roten Licht weiterfahren dürfen, und dass es diese Fahrzeuge an dem blau leuchtenden Licht erkennen kann, meist verbunden mit einem Signalton.

Ihr Kind sollte auch wissen, dass es den Verkehr trotz des grün leuchtenden Ampelmännchens vorher kontrollieren und schauen muss, ob alle Fahrzeuge stehen bleiben, bevor es zügig die Straße überquert. Es soll gehen, aber nicht rennen sowie innerhalb der Markierung bleiben und nicht quer laufen, auch wenn andere Leute das vielleicht machen.

Sensibilisieren Sie Ihr Kind dafür, dass Aufmerksamkeit im Straßenverkehr oberste Priorität hat. Denn nur so können Gefahren umgangen und die Sicherheit aller gewährleistet werden.

Erklären Sie, dass die Regeln, welche Sie Ihrem Kind vermitteln, nicht aus Schikane heraus entstanden sind, sondern daraus hervorgehen, dass der Straßenverkehr komplex ist und ein hohes Maß an Aufmerksamkeit abverlangt. Schließlich möchte Ihr Kind eine gewisse Selbstständigkeit haben, die es aber nur bekommt, wenn es sich an die abgemachten Regeln hält.

Beginnen Sie als Eltern schon im Kindergartenalter mit der Verkehrserziehung, fangen Sie nicht erst im Grundschulalter damit an. Denn Ihr Kind möchte bestimmt nicht jeden Tag von Ihnen mit dem Auto bis vor die Schule gebracht werden, sondern eine gewisse Selbstständigkeit erleben dürfen.

Mit drei Jahren sollte Ihr Kind schon sicher grundlegende Verkehrsregeln beherrschen, jedoch sollte es bei der Überquerung der Straße an die Hand genommen werden.

Mit fünf Jahren wäre es wünschenswert, wenn Ihr Kind bereits einige Gefahren selbstständig erkennen und einschätzen kann, wie es reagieren sollte. Das ist jedoch enorm von seinem Entwicklungsstand abhängig und sollte angemessen eingeschätzt und berücksichtigt werden.

Mit sieben Jahren kann Ihr Kind dann den Schulweg schon allein bestreiten und sollte wissen, wie es sich dabei richtig verhält. Ebenso kann es schon einschätzen, welches Verhalten im Straßenverkehr gefährliche Auswirkungen und Folgen haben kann.

Mit neun Jahren weiß Ihr Kind dann, wie es Unfälle vermeiden beziehungsweise diesen vorbeugen und mit Gefahrensituationen umgehen kann.

Mit dreizehn Jahren kann Ihr Kind komplexere Verkehrsregeln umsetzen und verstehen.

Loslassen lernen

Die Schwierigkeit des Loslassens besteht darin, dass Sie als Eltern das nur schwer akzeptieren können. Denn wer will schon wahrhaben, dass das kleine Kind groß geworden ist? Der Mensch ist ein Gewohnheitstier und so haben Sie als Eltern sich daran gewöhnt, dass Ihr Kind auf Ihre Hilfe angewiesen ist und Sie braucht. Aus diesem Grund kann und will man sich die Zeit ohne Kind gar nicht vorstellen. Aber es kommt nun einmal der Tag, an dem Ihr Kind den eigenen Freiraum braucht und auf die Fürsorge durch Sie als Eltern verzichten kann und auch verzichten will und wird. Denn schließlich möchte Ihr Kind selbstständig auf eigenen Beinen stehen. Es sehnt sich danach, endlich für sich allein entscheiden zu dürfen.

Machen wir einen kleinen Ausflug in Ihre Kindheit. Können Sie sich noch an Ihre Teenie-Zeit erinnern? Bestimmt. Lassen Sie einmal die Gefühle von damals hochkommen als Sie 12, 13 oder 14 Jahre alt waren. Merken Sie, wie Sie sich da gefühlt haben? Sie fühlten sich eingeschränkt in Ihren Handlungen, von eigenständigen Entscheidungen einmal ganz abgesehen. Sie wollten endlich auf Ihren eigenen Beinen stehen, keine Regeln mehr befolgen oder das TV-Programm der Eltern über sich ergehen lassen müssen. Der Drang nach Freiheit bestand auch in Ihnen. Kommen wir wieder in die heutige Zeit zurück.

Versetzen Sie sich in Ihr Kind. Ihr Kind möchte mehr Freiheiten haben. Gewähren Sie Ihrem Kind diese. Natürlich wird der Schritt des Loslassens nicht einfach und ohne Streitigkeiten und Diskussionen geht es leider selten. Deshalb habe ich Ihnen kurz das Wichtigste zusammengefasst.

Sie als Eltern sollten verstehen und akzeptieren, dass Ihr Kind sich distanzieren wird. Das fängt bei der Entwicklung der individuellen Fähigkeiten an und endet beim Auszug in die eigene Wohnung – bis dahin ist jedoch noch lange Zeit.

Sie haben unbewusst Ihr Kind schon mehrere Male losgelassen, nur waren die damaligen Male des Loslassens harmloser als die, die noch kommen werden. Das erste Mal haben Sie Ihr Kind bei der Geburt losgelassen, denn da haben Sie es aus Ihrem Körper gelassen, damit es als eigenständige Person auf der Welt leben kann. Das nächste Mal haben Sie losgelassen, als die Nabelschnur abgetrennt wurde. Von da an musste Ihr Kind seinen eigenen Kreislauf finden. Danach haben Sie Ihr Kind erneut losgelassen, als Sie mit dem Stillen aufhörten und es lernte, feste Nahrung zu sich zu nehmen.

Der nächste Schritt in Richtung loslassen folgte, als Ihr Kind selbstständig zu laufen begann. Fällt Ihnen etwas auf? Ja genau – das sind alles Dinge, Tätigkeiten oder Abläufe, welche gefeiert werden oder worüber Sie sich gefreut haben. Wieso freuen Sie sich dann nicht, wenn Ihr Kind auf eigenen Beinen steht? Das ist es doch, was wir Jahre lang möchten und woraufhin wir unser Kind erziehen, und jetzt, wo es so weit ist, ist es irgendwie bedenklich. Ich persönlich finde es gar nicht schlecht, wenn ein Kind sich abnabelt. Denn dann sehen Sie, wie Sie Ihr Kind erzogen haben, und Sie können stolz sein auf das, was Sie geleistet haben.

Sie müssen wissen, dass Ihr Kind das Loslassen von Ihnen für seine Entwicklung zum Erwachsenen benötigt.

Deshalb, so schwer es Ihnen auch fällt, drücken Sie einmal mehr ein Auge zu und stehen Sie Ihrem Kind lieber mit Rat und Tat zur Seite. Ihr Kind wird Sie trotzdem noch an seinem Leben teilhaben lassen. Aber achten Sie darauf, dass Sie sich nicht unterbuttern lassen, weil Ihr Kind Freiraum braucht. Sie sind immer noch die Eltern und haben die Verantwortung, so lange Ihr Kind noch bei Ihnen wohnt.

Es gibt viele verschiedene Situationen, in denen Sie schon merken, dass Ihr Kind Selbstständigkeit entwickelt, zum Beispiel dann, wenn es lieber selbst entscheidet, wofür es das Taschengeld ausgeben will, oder wenn es allein in die Schule gehen möchte.

KLEINKINDER LOSLASSEN

Für die Entwicklung des Kindes ist es wichtig, sich seine räumliche Unabhängigkeit von seinen Bezugspersonen langsam zu erarbeiten. Das Kind kennt sonst nur das „Vorhandensein" oder das „Nichtvorhandensein" der Bezugsperson. Unter anderem kann dies später dazu führen, dass das Kind ein Weggehen der Bezugsperson – zum Beispiel am Morgen in der Kindertagesstätte – als kommendes „Nichtvorhandensein" der Bezugsperson empfindet und sich nur schlecht trennen kann. Kinder, welche jedoch im Selbstbewusstsein so gestärkt sind, dass sie mit einer gewissen räumlichen Distanz umgehen können, werden als Zwei- oder Dreijährige weniger Mühe haben, sich von ihren Bezugspersonen zu trennen.

Bereiten Sie sich und Ihr Kind auf den „Abschied für kurze Zeit" vor. Denn so beugen Sie Dramen vor, wenn es das erste Mal in den Kindergarten oder in die Schule geht.

Gewöhnen Sie Ihr Kind daran, dass es eine kurze Zeit ohne Sie auskommen muss – sei es, dass Sie Ihr Kind einmal bei Bekannten übernachten lassen oder seien es Besuche bei Verwandten, bei denen Sie für kurze Zeit nicht aufzufinden sind. So lernt das Kind, dass Sie immer wieder zu ihm zurückkommen. Besuchen Sie mit Ihrem Kind die Krabbelgruppe, dadurch lernt es die Umgebung und die Erzieherinnen kennen und kann schon erste Kontakte zu den anderen Kindern aufbauen. Sie lernen andere Mütter kennen, denen auch der erste Tag im Kindergarten bevorsteht. Sie können sich mit den anderen Eltern austauschen. Vielleicht haben sie auch Tipps, wie Sie mit dem Loslassen umgehen können.

In der Krabbelgruppe lernt Ihr Kind auch den Umgang mit fremden Menschen kennen und es lernt ebenfalls, die neue Umgebung einzuordnen.
Ist der Tag der Tage dann gekommen, heißt es für Sie: Augen zu und durch. Denn Sie wissen, dass Sie sich um Ihr Kind keine Sorgen machen müssen, schließlich ist geschultes Fachpersonal vor Ort und Ihrem Kind kann nichts passieren.

TEENAGER LOSLASSEN

Die Phase, in denen die meisten Eltern verzweifeln, ist die Pubertät.
In dieser Zeit ist das Gefühlschaos Ihres pubertierenden Kindes am Rande des Grand Canyon und Sie balancieren mit ihm am Rand, denn Sie wissen nie, was Ihr Kind gerade benötigt: Verständnis, Fürsorge oder einfach nur Zeit für sich.

Das Abnabeln beginnt bei jedem Kind unterschiedlich. Zum einen wird es selbstständig, es will nicht mehr mit Ihnen kuscheln, da kommt eher ein genervtes „Boah… echt ey…?“, und ganz besonders merken Sie es daran, dass es seinen Freiraum einfordert und seine eigene Meinung bilden und auch durchsetzen möchte.

Dieses Widersetzen gegen die Eltern fördert das selbstständige und eigenverantwortliche Leben, deshalb sollten Sie es nicht unterdrücken und soweit wie möglich zulassen.

Das Loslassen des Kindes ist schwer, aber man muss und sollte es zulassen und akzeptieren.
Drei Schritte zum Loslassen lernen:

Schritt 1 - Hinterfragen der inneren Einstellung

Fragen Sie sich, warum es Ihnen so schwerfällt, Ihr Kind loszulassen. Die Phase des Loslassens gehört zum nächsten Entwicklungsschritt Ihres Kindes dazu, denn es möchte und muss im späteren Leben eigenständig und selbstbestimmt auftreten. Ihr Kind sollte und muss eigene Erfahrungen sammeln. Das geht nur, wenn es genügend Freiraum hat und selbstständige Entscheidungen treffen darf.

Schritt 2 – Zurückversetzen in die eigene Kindheit

Wie war es bei Ihnen? – Erinnern Sie sich noch an Ihre Eltern?

Versuchen Sie, sich in die Lage Ihrer Eltern damals hineinzuversetzen: Auch Sie waren einmal jung und wollten Ihren Freiraum und für Ihre Eltern waren diese Situationen sicher auch nicht einfach.

Versuchen Sie, sich in Ihr Kind hineinzuversetzen, eventuell finden Sie heraus, welche Wünsche Ihr Kind hat, und Sie können ihm diese vielleicht erfüllen.

Schritt 3 – Vertrauen stärken und Sicherheiten einbauen

Treffen Sie konkrete Absprachen mit Ihrem Kind, das gibt Ihnen und Ihrem Kind Sicherheit. Lassen Sie sich zum Beispiel in regelmäßigen Abständen telefonisch kontaktieren. So wissen Sie, dass es Ihrem Kind gut geht und alles in Ordnung ist. Treffen Sie gemeinsam Vereinbarungen, beispielsweise, zu welcher Zeit Ihr Kind Zuhause sein soll. Verlängern Sie diese Zeiten je nach Entwicklung und Verantwortungsbewusstsein Ihres Kindes.

Tipps für den Alltag

TIPPS ALLGEMEIN

- Fördern Sie Ihr Kind entwicklungs- und altersgerecht. Zwingen Sie Ihr Kind zu nichts. Es lernt alles zu seiner Zeit.
- Stellen Sie keine zu hohen Erwartungen an sich und Ihr Kind, denn das geht meist nach hinten los. Ihr Kind merkt Ihre Anspannung und wird in seinem Handeln unsicher.
- Berücksichtigen Sie die Interessen Ihres Kindes und fördern Sie diese, gehen Sie auf die Bedürfnisse Ihres Kindes ein.
- Lassen Sie zu, dass Ihr Kind die erlernten Fertigkeiten anwenden und üben darf. So werden diese verbessert und das Selbstwertgefühl, das Selbstvertrauen und die Selbstsicherheit Ihres Kindes werden gestärkt.
- Geben Sie Ihrem Kind nur Hilfestellung, wenn es konkret danach fragt oder überhaupt nicht mehr weiterweiß. Bei zu viel Hilfe könnten Rückschritte die Folge sein.
- Ihr Kind muss lernen, dass Enttäuschungen und Rückschläge zum Leben dazu gehören. Es gehört dazu, damit umzugehen und diese zu bewältigen.
- Klare, kurze und präzise Aussagen helfen Ihrem Kind, zu verstehen, was es machen soll. Erst danach sollte die nächste Anweisung folgen.
- Fördern Sie die soziale Kompetenz Ihres Kindes, indem Sie mit ihm auf Spielplätze gehen, es mit anderen gleichaltrigen Kindern spielen lassen und altersgerechte Aktivitäten unternehmen, zum Beispiel in den Zoo gehen.
- Senden Sie Ihrem Kind Ich-Botschaften. Diese beziehen sich nur auf das aktuelle Verhalten des Kindes und nicht auf seine Persönlichkeit, zum Beispiel anstatt „Du bist böse" besser „Ich möchte nicht, dass du dich so verhältst".

- Hören Sie Ihrem Kind aktiv zu, so vermitteln Sie ihm ein Gefühl der Wertschätzung und der Annahme.
- Lob und Belohnungen stärken das positive Verhalten Ihres Kindes. Das Lob sollte von Herzen kommen. Ihr Kind spürt, ob sie das Lob oder die Anerkennung ernst meinen oder es nur beiläufig aussprechen.
- Seien Sie sich bewusst, dass Sie ein Vorbild sind und die Verantwortung für Ihr Kind haben, besonders dann, wenn es um das Einhalten von Grenzen geht.
- Bleiben Sie konsequent und ändern Sie nicht täglich Ihre Meinung – sonst untergraben Sie Ihre Autorität Ihrem Kind gegenüber und es nimmt Sie nicht mehr ernst.
- Stimmen Sie sich mit Ihrem Partner ab, was die Erziehung Ihres Kindes angeht. Nichts ist schlimmer als Uneinigkeit zwischen den Erziehenden. Halten Sie sich beide an abgesprochene Regeln und Grenzen und spielen Sie sich nicht gegeneinander aus.
- Entnehmen Sie aus den vorgestellten Erziehungsstilen den für Sie besten und setzen Sie ihn gemeinschaftlich um.
- Zeigen und stehen Sie zu Ihren Gefühlen. Versuchen Sie aber bitte, nicht launisch zu sein. Ihr Kind kann dann Ihre Reaktionen nicht einordnen und ist zunehmend verunsichert.
- Gestehen Sie sich Ihre Fehler ein und entschuldigen Sie sich bei Ihrem Kind für diese – das dient der Vorbildfunktion: Sieht Ihr Kind, dass Sie sich entschuldigen, wird es das ebenfalls machen, wenn es eine falsche Entscheidung getroffen oder ein anderes Kind verletzt hat.
- Sind Sie sich dessen bewusst, dass Ihr Kind Sie sehr häufig beobachtet? Egal, in welcher Situation Sie sich befinden, es wird alles beobachten: wie sie reagieren, wie Sie sich streiten, wie Sie Probleme lösen oder das tägliche Miteinander mit Ihrem Partner oder Bekannten – dadurch lernt Ihr Kind sehr viel und setzt es in passenden Situationen auch um.

- Ihr Kind muss die Welt erst für sich entdecken, deshalb sollten Sie es, so gut es geht, darin unterstützen, damit es sich geborgen und wohl fühlt.
- Liebe ist die wichtigste Säule für die gesunde Entwicklung Ihres Kindes. Gepaart mit Einfühlungsvermögen und dem Eingehen auf die Bedürfnisse Ihres Kindes entsteht eine sichere Bindung zwischen Ihnen und Ihrem Kind. Es schadet Ihrem Kind, wenn Sie ihm zu wenig Liebe und Schutz vermitteln, aber auch, wenn es überbehütet aufwächst, wird es in seiner individuellen Entwicklung gebremst und stark eingeschränkt.
- Ihr Kind soll so angenommen werden, wie es ist, mit allen Fähigkeiten, Stärken und Schwächen, die es hat. Gestatten Sie Ihrem Kind seine Vorlieben, denn so sorgen Sie dafür, dass es als Erwachsener gestärkt durch das Leben geht und mit beiden Beinen fest im Leben steht.
- Geben Sie Ihr Kind in ein Umfeld, in dem es soziale Regeln befolgen muss, ohne dass Erwachsene ständig zur Unterstützung da sind.
- Schaden würde Ihr Kind nehmen, wenn Sie es stetig in eine Richtung drängen, die Sie zwar möchten, die aber nicht Ihrem Kind entspricht. Ihr Kind könnte sich dadurch nicht selbstständig entfalten und individuell entwickeln. Es hätte keinen Spielraum, um seine Fantasie zu entwickeln und seine Kreativität zu entfalten. Steht Ihr Kind unter ständiger Beobachtung, wird es verunsichert und stellt alle Handlungen, welche es durchführen will, infrage.
- Legen Sie innerhalb der Familie klare Regeln, feste Abläufe, zeitbezogene Rituale sowie klare Absprachen fest. Durch Struktur wird Ihrem Kind Sicherheit vermittelt. Ebenso beugen Sie durch die bestehende Struktur Streitigkeiten und Diskussionen vor.
- Die Lernbereitschaft und die Neugier sind bei Kindern sehr groß. Gestalten Sie die Umgebung ansprechend, damit Ihr Kind angeregt wird, neue Dinge und Tätigkeiten zu erlernen und zu vertiefen.

WIE WIRD IHR KIND OPTIMISTISCH?

Optimisten können Rückschläge besser verarbeiten und haben ein stärkeres Immunsystem. Optimisten sind besser in der Schule und erfolgreicher im Job. Ihr Kind lernt durch die Nachahmung Ihrer Verhaltensweisen. Eignen Sie sich aus diesem Grund eine optimistische Grundstimmung an. Dadurch erhöht sich die Wahrscheinlichkeit, dass Ihr Kind optimistisch wird.

Auch Schimpfen gehört zur Erziehung dazu, achten Sie aber bitte auf Ihre Wortwahl. Vermeiden Sie besonders die zwei Wörter „Nie“ und „Immer“, denn diese Worte beeinflussen, ob Ihre Kinder eine positive oder negative Denkrichtung einschlagen. Die Wörter „Nie“ und „Immer“ sind Wörter des Pessimismus.

Beachten Sie auch, dass Sie das negative Verhalten Ihres Kindes ansprechen, niemals Ihr Kind als Person, zum Beispiel ist, „Du bist immer so frech“, kontraproduktiv, da das Kind denkt, dass Sie es persönlich meinen und nicht sein Verhalten. Ihr Kind fühlt sich durch diese Aussage ungewollt und verunsichert. Besser wäre eine Aussage wie, „Heute gefällt mir dein freches Verhalten nicht“. Ihr Kind hört heraus, dass Sie das Verhalten nicht akzeptieren, und es wird versuchen, das negative Verhalten zu ändern. Wenn es Ihrem Kind gelingen sollte, vergessen Sie nicht, es zu loben, und schenken Sie ihm Anerkennung für diese Leistung. Das stärkt das Selbstvertrauen Ihres Kindes ungemein.

Seien Sie trotz der größten Probleme zuversichtlich und optimistisch, dann wird Ihr Kind durch Sie als Vorbild sehen, dass es jedes Problem lösen kann, wenn es nur seinen Optimismus bewahrt. Sie als Eltern leben es Ihrem Kind täglich vor und es wächst somit in die optimistische Lebensweise hinein.

Engagieren Sie sich für andere Menschen, denn Kinder, deren Eltern sich sozial engagieren, sind glücklicher und lebensfroher.

WIE FÖRDERT MAN DIE EMPATHIE?

Empathische Kinder sind weniger aggressiv und egoistisch. Sie können sich besser in Gruppen integrieren und sind kooperativer. Weil Teamfähigkeit in der Gesellschaft immer mehr an Priorität gewinnt, ist es wichtig, Ihrem Kind die Empathie nahe zu bringen. Dies geschieht am besten im Alter zwischen 12 und 18 Monaten, denn erst dann erkennt ein Kind den Unterschied zwischen sich und anderen Menschen. Es muss sich als eigenständige und individuelle Persönlichkeit wahrnehmen, um Empathie aufbringen zu können.

Zwischen dem zweiten und dritten Lebensjahr gibt es die sogenannte egozentrische Empathie. In dieser Phase zeigen die meisten Kinder erste Reaktionen auf die Gefühle anderer. Sie trösten zum Beispiel den traurigen Papa mit ihrem eigenen Kuschelbär, denn Kinder in diesem Alter trösten das Gegenüber so, wie sie selbst von Ihnen als Eltern getröstet werden.

Ab dem dritten Lebensjahr verstehen Kinder, dass die Gefühlswelt bei Erwachsenen anders getröstet werden muss als bei ihnen selbst. Sie versuchen das erste Mal, zu trösten und sich in sie hineinzuversetzen. Führen Sie mit Ihrem Kind Gespräche über Emotionen. Ihr Kind lernt, andere besser zu verstehen, wenn Sie offen über Ihre Gefühle sprechen. So lernt es, dass das Äußern von Gefühlen nichts Negatives ist, sondern zum Leben dazu gehört. Durch Vorbilder lernt es verschiedene Bewältigungsstrategien und kann sich so die für sich Beste herausfiltern und sie selbst anwenden.

Wenn Ihr Kind bei Ihnen sieht, dass Sie einfühlsam und mitfühlend anderen Menschen gegenüber sind, wird es damit aufwachsen, dieses Verhalten im späteren Leben ebenso umsetzen und anderen Personen gegenüber einfühlend und emotional zur Seite stehen und Hilfe anbieten.

Sie können Ihrem Kind Fragen stellen, um es zum Reflektieren anzuregen: „Wie würdest du es finden, wenn man dir einfach das Spielzeug wegnimmt?" oder „Wie würdest du dich fühlen, wenn dich jemand haut?". Das Kind wird über sein Verhalten nachdenken und in kommenden Situationen vielleicht anders handeln – wenn nicht, braucht es noch etwas Zeit. Irgendwann wird es begreifen, worauf Sie hinauswollen.

Selbstvertrauen beruht auf Selbstbewusstsein. Das bekommen Kinder, wenn wir ihnen Anerkennung und Aufmerksamkeit schenken. Bestärken Sie Ihr Kind darin, dass es neu Erlerntes immer wieder übt. Ihr Kind fühlt sich wichtig und gebraucht, wenn es merkt, dass es seine Umwelt positiv beeinflussen kann und zu einem lang ersehnten Ziel kommt.

Fördern Sie die positiven Seiten und loben Sie Ihr Kind. Legen Sie dabei den Fokus nicht auf die Fehler, die es noch macht, oder auf Dinge, die es noch nicht kann.

Sie fördern Eigenschaften und Fähigkeiten Ihres Kindes, indem Sie gezielt den Tagesablauf so strukturieren, dass die unterschiedlichen Fähigkeiten immer wieder abgerufen und eingesetzt werden müssen. Merkt Ihr Kind dann, dass es in diesen Bereichen schon erfolgreich ist, stärkt das sein Selbstwertgefühl enorm und es entwickelt ein gesundes Selbstbewusstsein.

Erziehung, sehr umstritten und weit verbreitet

Erziehung – das wohl umstrittenste Thema der Welt. Spätestens, wenn Sie ein eigenes Kind haben, werden Sie spüren, wie schrecklich Mütter untereinander sein können. Eigentlich sollte man zusammenhalten und sich gegenseitig unterstützen, aber man arbeitet lieber gegeneinander und versucht, sich in jeder Hinsicht auszustechen und zu übertrumpfen, unter anderem mit Äußerungen wie, „Mein Kind läuft schon, seit es ein dreiviertel Jahr ist, deines noch nicht, es ist doch aber schon ein Jahr alt. Ich würde an deiner Stelle mal zum Kinderarzt gehen und das abklären lassen" oder „Wieso stillst du denn nicht mehr?! Muttermilch ist das Beste, was du geben kannst.

In diesem Fertigpulver sind doch sowieso nur Konservierungsstoffe und chemische Stoffe enthalten, das ist ja die pure Chemie. Hast du denn auch wirklich alles probiert, damit das Stillen wieder klappt?". Diese und viele weitere Aussagen habe ich zu hören bekommen. Ich habe sie gehasst und hasse sie immer noch.

Wäre es nicht sinnvoller, sich in so einer schwierigen Situation zu unterstützen und sich gegenseitig Halt zu geben, statt aufeinander einzuhacken? Wäre es nicht besser, man unterstützt sich gegenseitig mit Aussagen wie, „Oh, dein Kind hat aber große Fortschritte gemacht, es kann ja jetzt schon laufen", oder, „Mensch, hast du Glück, dass du zumindest die ersten 4 Wochen stillen konntest und dein Kind somit die wichtige Muttermilch bekommen hat. Denn in der heutigen Zeit gibt es ja, Gott sei Dank, genügend Möglichkeiten, sodass man sich nicht unter Druck setzen muss, wenn das Stillen nicht klappt"?

Ich fände es schöner, wenn man Eltern mit anderer Ansicht nicht gleich mit einer negativen Einstellung gegenübertritt, sondern sich erst einmal die Meinung von dem anderen anhört. Denn hinter jeder getroffenen Entscheidung stand einmal ein Problem. Manche Entscheidungen werden nicht einfach so getroffen, sondern die Eltern überlegen sehr lange hin und her. So war es zum Beispiel bei mir. Ich habe mich wochenlang selbst unter Druck gesetzt, dass ich mein Kind unbedingt Stillen muss. Nur leider wurde die Muttermilch immer weniger und wir mussten mit Milchpulver zufüttern. Ich habe mich dann, nachdem ich Nächte lang wach lag, dazu entschieden, abzustillen und nur noch Milchpulver zu geben. Traurigerweise wurde ich von sehr vielen Leuten verurteilt und hinterfragt. Es gäbe ja schließlich genügend Methoden, um die Milchbildung wieder anzuregen. Was aber die Unbeteiligten nicht wussten: Ich habe bereits Wochen vorher alles Mögliche versucht, was in meiner Macht stand.

Das Einzige, was mir in dieser Zeit geholfen hat, ist, dass mein Partner hinter mir stand und für gewöhnlich die unliebsamen Fragen beantwortete. Denn ich hatte stark damit zu kämpfen, die Fassung zu bewahren und nicht aus der Haut zu fahren.

Fazit

Erziehung ist ein sehr umfangreiches Thema, welches sehr viele Unterpunkte enthält. Solange Sie aber mit sich im Reinen sind und Ihr Kind sich so entwickelt, wie Sie es möchten, dann erziehen Sie Ihr Kind auch richtig. Vertrauen Sie unbedingt auf Ihr Bauchgefühl und vertrauen Sie in die Fähigkeiten Ihres Kindes. In den verschiedenen Erziehungsstilen habe ich für mich viele gute Elemente gefunden, welche ich in der Erziehung meiner Kinder umsetze. Ich hoffe, es geht Ihnen auch so und Sie fühlen sich inspiriert, einiges zu versuchen. Probieren Sie alles aus, was Sie anspricht, und übernehmen Sie für Ihre Erziehungsmethode nur das, wovon Sie auch wirklich zu hundert Prozent überzeugt sind. Hören Sie auf Ihr Bauchgefühl und stehen Sie hinter dem Stil oder der Methode, wie Sie Ihr Kind erziehen.

Und auch wenn Sie sich im Nachhinein vielleicht sagen werden, dass das nicht der richtige Weg war – Sie sind eine Erfahrung reicher geworden und können aus jeder Situation das Beste machen.

Lassen Sie sich nicht in Ihren Entscheidungen beeinflussen und denken Sie nicht darüber nach, was andere Menschen über Ihren Erziehungsstil denken. Sie müssen Ihr Kind mit einem reinen Gewissen erziehen, mit Ihrem Partner an einem Strang ziehen und sich einig sein.

Das Wohl Ihres Kindes steht an erster Stelle und es sollte ihm immer gut gehen. Dabei ist es Ihnen überlassen, nach welchem Erziehungsstil Sie Ihr Kind erziehen. Auch wenn Sie eine Mischform nutzen und sich keinem konkreten Erziehungsstil verschreiben, ist das vollkommen in Ordnung, denn Sie müssen mit Ihrem Kind und dessen Verhalten, Charakter und Umgangsformen zurechtkommen, niemand sonst.

Gefällt Ihnen die Entwicklung Ihres Kindes und sind Sie mit seinem Verhalten einverstanden, behalten Sie Ihre Erziehungsmuster so bei und ändern Sie diese nicht gleich wieder.

Sehen Sie die Welt wieder durch die Augen Ihres Kindes. Seien Sie einfach befreit vom Alltagsstress und lassen Sie Ihren Emotionen freien Lauf.

Impressum

Herausgeber: Pegoa Global Media GmbH / Am Sandtorkai 27 / 20457 Hamburg
Kontakt: kontakt@pegoamedia.de
Coverbild: Shutterstock

Wir danken Ihnen für Ihr Interesse und Ihr Vertrauen. Als Dankeschön dafür, haben wir eine besondere Überraschung. Wir haben **50 Übungen für Eltern und Kinder, die für mehr Stärke sorgen** exklusiv für Sie. Und diese erhalten Sie vollkommen kostenlos. Das klingt wunderbar? Dann warten Sie nicht lange und holen Sie sich Ihr Gratis-Geschenk.

Hier geht es zu Ihrem Gratis-Geschenk:

https://forms.gle/zVTX5m3TazCrN7Kt5

1. **Öffnen Sie die Kamera-App auf Ihrem Smartphone und richten Sie die Kamera auf den QR-Code.**
2. **Klicken Sie auf den Link, der Ihnen angezeigt wird und schon werden Sie zur Website weitergeleitet.**